coleção primeiros passos 322

Renata Braune
com
Sílvia Cintra Franco

O QUE É GASTRONOMIA

1ª edição, 2007

São Paulo

editora brasiliense

Copyright © by Renata Braune, 2007
Nenhuma parte desta publicação pode ser gravada, armazenada em sistemas eletrônicos, fotocopiada, reproduzida por meios mecânicos ou outros quaisquer sem autorização prévia da editora.

Primeira edição, 2007
1ª reimpressão, 2012

Diretora Editorial: *Maria Teresa B. de Lima*
Editor: *Max Welcman*
Produção Gráfica: *Adriana F. B. Zerbinati*
Diagramação: *Adriana F. B. Zerbinati*
Preparação de originais e revisão: *Dida Bessana*
Capa: *Ana Lima*

Dados Internacionais de catalogação na Publicação(CIP)
(Câmara Brasileira do Livro, SP, Brasil)

Braune, Renata
O que é gastronomia / Renata Braune com Sílvia
Cintra Franco -- São Paulo : Brasiliense, 2012. -- (Coleção Primeiros Passos ; 322)

1ª reimpressão da 1ª. ed., 2012.
ISBN 978-85-11-00105-1

1. Alimentos - História 2. Culinária - História
3. Gastronomia - História 4. Hábitos alimentares -
História 5. Nutrição I. Franco, Sílvia Cintra.
II. Título III. Série.

07-2155   CDD - 641.013

Índices para catálogo sistemático :
1. Gastronomia   641.013

editora brasiliense ltda.
Rua Antônio de Barros, 1839 – Tatuapé
Cep 03401-001 – São Paulo – SP
www.editorabrasiliense.com.br

SUMÁRIO

I - ALIMENTO PARA O CORPO, ALIMENTO PARA O ESPÍRITO...9
    Animal estético...12
    Comensalidade e função social da refeição 13
    Gastronomia e civilização 15

II - EVOLUÇÃO DA GASTRONOMIA E GRANDES MOVIMENTOS... 18
    Origens no Ocidente..18
    Antiguidade – Arquestrato, Lucullus e Apicius..20
    A Idade Média – Taillevant 23
    Renascença – A grande virada............................27

A cozinha dos reis e dos chefs alquimistas. La Varenne 29
A Revolução Francesa, os cafés e os restaurantes35
A crítica gastronômica. Grimond de la Reynière e Brillat-Savarin 37
Filé à Rossini ou à Camões. O batismo dos pratos 38
A idade de ouro da gastronomia. Os grandes chefs 39
Uma nova lógica na cozinha. Carême...............41
O século XX. Escoffier e a cozinha científica....43
A época moderna e o turismo 45
Chefs mulheres, *fusion cuisine* e globalização 47
Industrialização, fast foods e quilos..................52

III - ENOGASTRONOMIA: O CASAMENTO DE PRATOS E VINHOS 54
Em busca do par perfeito 56
Motivos para bons casamentos. Afinidade. Oposição. Aromas..57
Harmonização por afinidade 58
Harmonização por oposição.............................58
Por oposição e afinidade...................................58
Por aromas 59

IV - GASTRONOMIA NO BRASIL: CHEFS, CRÍTICOS E ESCOLAS.....................................61

Receita de chef 62
Críticos e escolas 65

V - GASTRONOMIA BRASILEIRA: ALIMENTOS, HISTÓRIA E EVOLUÇÃO 67

A cesta básica dos primórdios da Terra de Santa Cruz 68
Do descobrimento ao século XVII 70
Tanajuras e palmeiras bacabas 73
A herança da culinária indígena 74
A herança da culinária africana 79
A herança da cozinha portuguesa 81
O cafezinho 86

VI - UMA ÚLTIMA PALAVRA QUE PODE SER A PRIMEIRA 87

VII - PEQUENO DICIONÁRIO HISTÓRICO DAS DENOMINAÇÕES CULINÁRIAS 90

BIBLIOGRAFIA 103

INDICAÇÕES PARA LEITURA 105

SOBRE AS AUTORAS 107

*A minha família, que sempre me apoia
e compreende minhas ausências.*

A Vanessa Fiúza e à equipe do Chef Rouge.

ALIMENTO PARA O CORPO, ALIMENTO PARA O ESPÍRITO

*Os animais se alimentam; o homem come;
só o homem de espírito sabe comer.*
Brillat-Savarin

"Não há amor mais sincero do que o amor à comida" já dizia com razão o dramaturgo irlandês Bernard Shaw (1856-1950). No entanto, entre o italiano *mangia que te fa bene* e o francês "só o homem de espírito sabe comer" existem séculos de filosofia e estudo, invenções e descobertas, trabalho pesado no campo, na pesca e no pastoreio para culminar na cozinha e se ver coroado na mesa. Poderíamos chamar a isso tudo de gastronomia. E o que é então gastronomia?

Para Brillat-Savarin, o filósofo gourmet, gastronomia é estilo de vida, o resumo do mundo. É a diferença entre o prazer de comer e o prazer da mesa. O prazer de comer é a sensação atual e direta de uma necessidade que encontra satisfação. O prazer da mesa é a sensação refletida que nasce das várias circunstâncias, dos atos, do local, das coisas e das pessoas que estão presentes à refeição.

Entretanto, a gastronomia, como as moedas, apresenta dupla face e seu valor depende diretamente do quanto vale cada um dos lados que a compõem.

Nas artes plásticas, na literatura ou na música, o artista executa seu trabalho e, se lhe falta público no momento em que a finaliza, nem por isso sua arte se deteriora. Na cozinha, o ateliê do chef, "o tempo é tudo", proclamava Carême. A obra culinária é efêmera: um cozido elaborado com todo cuidado, mas degustado fora da temperatura ideal, perde em sabor, uma qualidade gastronômica intrínseca. Do mesmo modo, apequena-se um prato composto de ingredientes cujas texturas e cores são mais do que simples moldura: com o tempo, seus ingredientes perdem frescor, sabor, aroma e a arte do chef, seu encanto. Como bem diz Câmara Cascudo, as obras-primas culinárias "mais efêmeras que as rosas, nem o espaço de um manhã resistem".[1]

---

1 - CAMARA CASCUDO, Luís da. *História da alimentação no Brasil*. 3ª Ed. São Paulo: Global, 2004, p.361.

Não é de admirar, pois, que a gastronomia seja sempre definida como a arte de cozinhar bem ou a de se regalar com boa comida. Ela é, mais do que qualquer outra, uma disciplina que exige arte não somente de quem a executa, mas também de quem a consome ou usufrui. É artesanato, porque exige de quem a faz conhecimento, habilidade e técnica. Por outro lado, como toda arte, exige um público nela formado. Este, como o artesão, também passa por um aprendizado: a formação do gosto gastronômico.

Portanto, gastronomia é uma arte ou ciência que exige conhecimento e técnica de quem a executa e formação do paladar de quem a aprecia.

Autores e especialistas são unânimes em declarar em declarar que a gastronomia tem origem na necessidade de os seres humanos se alimentarem. E no fato de o *Homo sapiens ser onívoro*, capaz de comer de tudo à diferença dos demais seres vivos de nosso planeta, que têm uma dieta bem mais limitada, apenas herbívora, ou carnívora, ou ambos, porém com restrições etc.

Esse conceito, embora clássico, não é suficiente para explicar as origens da gastronomia existe porque, além da necessidade de se alimentar, o homem é um animal estético e, sobretudo, um ser social, que vive em comunidade.

Animal estético

A sociologia considera que a arte só pode se dar a partir do momento em que o artesão tenha dominado a técnica. Isto é, o artesão pode *fazer arte* no vaso depois de dominar a técnica de *fazer vaso*. A arte executada no vaso é "inútil" do ponto de vista prático, mas significativa graças à capacidade humana de vier com prazer a experiência da beleza. "Define-se por Estética a universal capacidade humana de reagir com emoção ao prazer e à apreciação de uma obra de arte."[2]

O mesmo se dá com a gastronomia. Qualquer alimento, independentemente do cuidado com que é preparado, nos alimenta e nutre, portanto cumpre uma função, como o vaso que o artesão faz: mantém seu conteúdo líquido. Quando se prepara o alimento com arte, transforma-se o que era apenas alimento para o corpo em experiência estética, prazer e alimento para o espírito; tem-se, então gastronomia, porquanto sua forma, textura, sabor, aroma, cores, temperatura etc., compõem-se um conjunto harmonioso que oferece a quem prova, além de alimento, a experiência do belo em mais de um sentido. É a estética do gosto.

---

2 - FRANCO, Silvia Cintra. *Cultura, inclusão e diversidade*. São Paulo: Moderna, 2006, p. 56

Comensalidade e função social da refeição

O ser humano vive em sociedade para garantir sua segurança e sobrevivência. Nos tempos remotos, superada a fase da alimentação pela coleta de frutos, "a preparação e a partilha das carnes exigiam a reunião do grupo ou da família. A refeição é, assim, a *ritualização da repartição de alimentos*. Por isso mesmo, tornou-se tão rica em símbolos".[3] Portanto, a gastronomia desenvolveu-se também graças à função social das refeições que são momento de troca, de prazer e de socialização e à *comensalidade*, que é a existência de vínculos e obrigações mútuas entre os que comem e bebem juntos.

Já no início do terceiro milênio a.C. na Suméria e no segundo milênio na Mesopotâmia e na Síria, numerosos textos comprovam a ocorrência de banquetes com ritos determinados. Na antiguidade clássica greco-romana, a disposição de convidados ao lado do anfitrião definia o grau de importância de cada conviva. E, se a mesa é um local de reunião da família e dos amigos, é também considerada importante para a diplomacia e para os negócios. Contribui para isso a crença de que ao beber e comer as pessoas acabam se revelando, "baixando a guarda" e mostrando quem realmente são.

Há, no entanto, quem desaprove o trato de questões

---

3 - FRANCO, Ariovaldo. *De caçador a gourmet*: uma história da gastronomia. 2ª Ed. rev. São Paulo: Senac, 2001, p. 21.

de trabalho e discussões à mesa, alegando que não se deve perder em desarmonia esse momento de prazer. Já estabelecia o gastrônomo e cosmopolita Brillat-Savarin em seu *A fisiologia do gosto* (1825), primeira obra dirigida para os que apreciam a boa cozinha e não para os que a fazem: "O prazer de comer o temos em comum com os animais (...) O prazer da mesa é uma particularidade da espécie humana, pressupõe os cuidados precedentes para preparar a refeição, para escolher o local e reunir os convivas".[4] E finaliza: "por rebuscados que sejam os bons pratos e suntuosos os acessórios, não há prazer da mesa se o vinho é ruim, os convivas juntados sem escolhê-los, as fisionomias tristes e a refeição consumida às pressas".[5] Isto é, gastronomia pressupõe não somente um bom chef, mas também anfitrião atento, convidados com finidades e tempo para apreciar tudo isso.

---

4 - BRILLAT-SAVARIN, Jean-Anthelme. *A fisiologia do gosto*. Trad. Enrique Raul Renteria Guimarães. Rio de Janeiro: Salamandra, 1989, p.163.
5 - Idem, ibidem, p. 165.

Gastronomia e civilização

*O destino das nações depende da
forma como elas se alimentam.*
Brillat-Savarin

Outro aspecto importante da gastronomia é seu caráter cultura: o ser humano é um animal que *cria cultura* e *está preso a uma cultura*,[6] e aí se incluem crenças, costumes, moral, e também culinária. Do instinto de sobrevivência vem a necessidade de comer; entretanto, cada povo criou sua cozinha de acordo com os recursos disponíveis e uma seleção própria de alimentos ditada por sua cultura.

Franceses surpreendem outros povos por comerem escargots e rãs, enquanto a sopa de tartaruga se tornou especialidade inglesa e o bucho de carneiro uma peculiaridade dos escoceses (para não falar da buchada de bode do Nordeste brasileiro). Segundo Jean-Louis Flandrin, essas escolhas "são práticas eminentemente culturais, uma vez que, em todas as regiões da Europa, existem escargots,

---

6 - FRANCO, Silvia Cintra. *Cultura, inclusão e diversidade.* São Paulo: Moderna, 2006, p. 9.

rás, tartarugas e carneiros",[7] assim como o bode também existe em too o território nacional... A bacalhoada portuguesa, o churrasco de chão do gaúcho, o *strogonoff* russo, a feijoada brasileira, a pasta italiana, o *coq au vin* francês são todos eles pratos com imensa carga cultural.

Por isso, uma feijoada jamais será um cassoulet feito de feijões pretos ou um *cassoulet*, uma feijoada de feijões brancos. E nem o acarajé é falafel, e vice-versa.

E porque o homem está preso à cultura que ele mesmo criou, os pratos regionais permanecem na ordem do dia apesar da globalização, das cadeias de fast food fincadas em tão diferentes e díspares partes do mundo e do intenso intercâmbio de cultura culinária.

É importante assinalar que em gastronomia o trabalho da cozinha está indissoluvelmente associado ao do serviço, às maneiras à mesa, assim como à dimensão de ritual da refeição. E porque a gastronomia é reflexo da cultura de um povo, os pratos, o serviço e o comportamento à mesa diferem de cultura para cultura, por vezes de bairro para bairro. Miolos, cachorro e enguias podem ser considerados iguarias para uma cultura e aberração para outras.

---

7 - FLANDRIN, Jean-Louis; MONTANARI, Massimo (Orgs.). *História da alimentação*. Trad. Luciano Vieira Machado, Guilherme J.F. Teixeira. São Paulo: Estação Liberdade, 1998, p. 29.

O que é gastronomia 17

Assim como sentar-se à mesa de chapéu, comer com as mãos ou com talheres etc.

Cabe aqui também discutir se o termo gastronomia atende apenas à chamada *haute cuisine*, a alta cozinha cujo melhor sinônimo é a cozinha de inspiração francesa, ou se podemos considerar um pão de queijo mineiro, uma *fritatta* toscana ou um *tortilla* espanhola gastronomia? A nosso ver, gastronomia ultrapassa o sentido restrito, ela é superlativa, plural, e á gastronomia todo prato feito com arte, em que os ingredientes são selecionados por sua qualidade e elaborados com uma técnica que tem por objetivo a perfeição no sabor e no respeito às características culturais do prato.

Há quem confunda o gourmet, aquele que aprecia a boa mesa, com o glutão. Brillat-Savarin dissipa qualquer mal-entendido: "a gastronomia é inimiga dos excessos. Os que ficam com indigestão ou bêbados não sabem beber nem comer".

EVOLUÇÃO DA GASTRONOMIA E GRANDES MOVIMENTOS

O estudo da sucessão dos epifenômenos (fenômenos secundários, acessórios) que constituem nossa história culinária revela que ela está em movimento perpétuo, como todas as formas de vida.
Joël Robuchon

Origens no Ocidente

A partir da descoberta do fogo, há mais de 500 mil anos – etapa essencial para o desenvolvimento da gastronomia – outras se seguiram, como a invenção de utensílios, o descobrimento de especiarias e novos ingredientes, o aprimoramento de técnicas, como a redução, a liga de molhos, as descobertas de formas de conservação etc.

No entanto, o desenvolvimento da gastronomia, como em todas as artes, tem nos tempos e nas ideias seu melhor acelerador. Não foi somente a pintura e a escultura que conheceram um extraordinário avanço no Renascimento, mas também a gastronomia. E como indica o legendário "chef do século", o francês Joël Robuchon (1945-), a gastronomia, como a vida, segue em modo perpétuo: vive seu apogeu na França do Rei Sol, para em seguida – com a Revolução de 1789 e a decapitação e fuga dos nobres –, tornar-se, primeiro, acessível a burgueses e depois às massas, por meio dos restaurantes de hoje das cadeias de fast food.

Não foram poucas as ideias que influenciaram a gastronomia, como veremos adiante. Para os gregos, a comida era uma ocasião para alimentar também o espírito, e foram eles que deram o embasamento filosófico ao bem-estar, com o epicurismo, que professava o prazer comedido, praticado com moderação, enquanto os romanos do tempo do Império tornaram-se conhecidos pelos excessos.

Outro passo importante para o desenvolvimento da gastronomia foi a invenção da louça de barro, a cerâmica ou *poterie*, seguida pelas panelas de ferro, umas e outras capazes de conter o alimento e ir o fogo. Antes delas, os alimentos eram cozidos sobre pedras aquecidas. Com cerâmica, vieram a sopa e os caldos de cereais, base da alimentação humana ocidental por séculos, elaborados em panelas presas a ganchos na lareira te que aparecessem os fornos e os fogões.

A fermentação foi uma descoberta fundamental que revolucionou os hábitos alimentares, pois é poderoso meio de conservação dos alimentos. Torna comestíveis os alimentos e as bebidas tradicionalmente perecíveis em curto prazo e se faz usando os próprios agentes que causam a degradação dos alimentos. Além disso, a ação da fermentação não só conserva como também transforma completamente o gosto e a textura dos alimentos. Nos cereais permite passar da bolacha seca e dura ao pão leve e macio. Frutas e cereais transformam-se – pela fermentação – em bebidas, vinhos e cervejas que não somente se conservam, mas reforçam a convivência. E é fantástica sua ação sobre o leite: com base em um produto frágil e uniforme, se obtém uma infinidade de queijos.

Antiguidade – Arquestrato, Lucullus e Apicius

Para um homem ser feliz basta uma oliveira,
uma vinha e uma figueira ao lado de sua casa.
Homero

A arqueologia vem demonstrando que a gastronomia já era um item importante em civilizações antigas, como as da Assíria, Babilônia, Pérsia, Egito, e a seleção, a preparação, o serviço e a apreciação da comida eram praticados em escala sofisticada. São da Mesopotâmia, e datam do segundo milênio a.C., as mais antigas receitas de cozinha. Um exemple cuja comprovação está ao alcance de todos: o relato do festim de Belshazzar, rei dos caldeus, no bíblico Livro de Daniel. China e Japão possuem também vasta literatura gastronômica e há mais de 4 mil anos escritores e poetas chineses são gourmets. Daí o dito de que o refinamento gastronômico é reflexo da civilização.

O general grego Arquestrato (século IV a.C.), gourmet, poeta e viajante, é considerado o fundador da gastronomia grega, difusor dos princípios dessa cozinha, desde o elogio do pão, às formas de servir à mesa e da apresentação dos convidados. Percorreu territórios gregos, observando os recursos naturais e s comidas regionais e, como bom conhecedor, publicou-as acompanhadas de avaliação e comentários críticos em seu *Hedypatheia,* o *tratado dos prazeres,* também denominado *Gastronomia de Arquestrato*: do grego *gaster* (ventre, estômago), *nome* (lei) e do sufixo formador de substantivo – *ia*.

Desde esse tempo, gregos e romanos já conheciam três grandes técnicas básicas de cozimento: o assado (*le *rôti*), o caldo (*le bouilli*) e os ensopados (*les ragouts*). No entanto, não havia na época clássica greco-romana a diversidade de produtos que vieram depois. Eram poucos os legumes e as frutas. Laranjas e amêndoas ainda eram amargas e figos e uvas, o grande recurso. Havia também muita caça mariscos, moluscos, escargots e peixes. Os pães macios devido ao fermento são conhecidos a partir dessa época na Grécia e em Roma ao fim da era republicana, enquanto os egípcios já a dominavam, desde 1.500 a.C., e contassem em suas cozinhas com o forno e a padaria artística. A Grécia acrescentou à massa de pão ervas, sementes aromáticas, óleos vegetais e frutas.

A cozinha da época reflete, pois, essa situação: poucos ingredientes preparados simplesmente.

Nos tempos da República, os romanos eram sóbrios e frugais como os gregos, mas, graças às conquistas e aos produtos que começaram a afluir de todas as partes, passaram aos banquetes extremamente luxuosos e aos excessos alimentares. Foi nesse tempo que o nome de Lucullus (117 a.C. – 49 a.C.) se tornou uma legenda, pois ele aliava à extravagância a excelência de seu cozinha. A vulgaridade e a ostentação romanas foram ridicularizadas por Petronius em seu *Satyricon* (século I d.C.). O principal livro de culinária romano é o *De recoquinaria*, coletânea de numerosas receitas e de autoria atribuída a certo Apicius. Ali se revelam as bases da cozinha da época: grande uso de ervas aromáticas, associação sal-açúcar, temperos *au garum*.[1] As coquilles Saint-Jacques aparecem na Roma imperial, assim como os aperitivos para abrir o apetite e "para dar sede", segundo Aristófanes, famoso dramaturgo grego. Eram aperitivos o grão-de-bico, feijão, grãos de cereal grelhados ao fogo e salgados, além de rabanetes embebidos em água salgada, figos secos, azeitonas verdes ou negras em salmoura e ovos de codorna ao vinagre.

A Idade Média – Taillevant

> *A mesa é o único lugar onde nunca se sente tédio durante a primeira hora.*
> Brillat-Savarin

Com a invasão dos bárbaros, a mudança do imperador para Constantinopla e a consequente queda de Roma

---

1 - *Garum*: o líquido da fermentação de restos de peixes gordos em pedaços, com vísceras e sangue, sal, aipo, aneto, arruda, coentro, funcho, hortelã, orégano, poejo e segurelha. Algumas fórmulas acrescentavam vinho velho e azeite e água do mar, e após filtrado obtinha-se um líquido escuro. A receita original perdeu-se no tempo e se crê que essa mistura seria a original. Há quem diga que o *garum* é a nossa versão do molho inglês Worcestershire.

no século IV a.C. o Ocidente passa por momentos de decadência e muitas das conquistas e dos avanços tecnológicos se perderam, inclusive os relacionados à cozinha. Nasce do contato da sociedade romana decadente com a sociedade bárbara em transformação um novo sistema denominado feudalismo. É a chamada Idade Média, conceito inventado pelos humanistas do Renascimento para provar que o brilho da cultura clássica havia mergulhado em uma "idade das Trevas", renascendo somente a partir de 1500.

Nesse período (do século IV ao XII ou XIV, conforme a região), mosteiros e abadias foram de capital importância na preservação de livros e do conhecimento clássico. Também a alimentação deve muito a eles, que desenvolveram pomares, hortas, refinaram os queijos, cultivaram as vinhas e aperfeiçoaram o processo de conservação de alimentos.

A culinária desse tempo usava lareira, pois o emprego do forno também se perdeu, vindo a ser redescoberto somente no final do século XIII, quando então retornam os guisados e molhos. Não foi abandonado, entretanto, o uso abusivo – como na Antiguidade – de condimentos justapostos. Abusavam também das especiarias e de novos ingredientes, como o açúcar, o trigo sarraceno, a noz-moscada, a canela, o gengibre etc., trazidos pelos Cruzados em suas incursões sangrentas pela civilização islâmica.

O padrão alimentar refletia a posição social: alto consumo de carne entre os nobres, a quem se reservava o privilégio da caça, legumes e grãos para a vassalagem. Era uma culinária sem sutilezas: assavam-se, nos festins, quartos inteiros de animais em fogueiras junto às mesas. Sobrevive nessa época o conceito romano de banquete acompanhado de divertimentos e espetáculo. Carlos Magno (766-814) introduziu um toque de refinamento ao acrescentar ao serviço utensílios de prata e ouro, paredes decoradas com heras e o chão com flores, mas a comida era grosseira e pouco variada.

O principal nome da cozinha da Idade Média é o do *grand-chef* Guillaume Tirel, cognominado Taillevant (1310-1395). É considerado o precursor, início e marco da história da cozinha francesa. Taillevant rompeu com o costume de transmitir as receitas chef-aprendiz por tradição oral e escreveu *Le Viandier*, com receitas aprovadas na mesa de Carlos VI ao fim do século XIV. Nessa obra fala da renovação da cozinha, da importância de molhos e especiarias e introduz termos que permanecem em uso até os dias de hoje, como *habiller* (limpeza do peixe). Como os romanos, Taillevant engrossava seus molhos com pão em vez de farinha e baseava sua culinária no uso excessivo de especiarias.

Taillevant servia banquetes como quatro serviços, embora na idade Média pudessem haver cinco ou mesmo seis, sendo o último a sobremesa, enquanto a Renascença oferecesse apenas três.

Até o século XIV, não se conheciam na França pratos de uso individual, garfos e guardanapos, nem fornos e fogões, apenas o "*four a pain*", usado para pães, tortas e flans. No século XIII surgiu a bancada para a finalização dos pratos e aperfeiçoaram-se os utensílios de cozinha. As técnicas eram limitadas: o assado, o pochê na água, a fritura e a grelha. As carnes eram fervidas antes de assadas. Os molhos eram ácidos (à base de vinagre, uvas verdes, suco de limão etc.) e temperados com especiarias (gengibre, canela, cravo, açafrão etc., e açúcar e mel, considerados especiarias à época). O molho de mostarda, tal como o conhecemos atualmente, é um dos raros daqueles tempos que sobreviveram até hoje. Símbolo de distinção social, as especiarias eram caras e importantes (daí a expressão "pagar em espécie"), inclusive por suas qualidades assépticas, pois limitavam os problemas das carnes mal conservadas. Os condimento e molhos tinham pouca gordura não por seu preço, mas por um compreensível gosto da época: a banha e o óleo enfatizam os aromas e as especiarias os mascaram.

Renascença – A grande virada

A descoberta de um prato novo é mais importante para a felicidade do gênero humano do que a descoberta de uma estrela.
Brillat-Savarin

Enquanto na França e na maioria das cortes europeias a influência de Taivellant se entende até o início do século XVII, na Veneza e na Florença do Renascimento italiano, os abastados mercadores jantavam com elegância e estilo. Ali não mais se comiam grossas fatias de carne, mas se saboreavam delicadezas, como cogumelos, alho, trufas e tournedos (fatias de filé mais grossas), pratos de pasta, como lasanha ou ravióli. O serviço era suntuoso, sem extravagâncias, com toalhas de mesa bordadas, a comida servida em fantasiosos formatos e já compareciam à mesa as estátuas de marzipan, anunciando precursores das esculturas do chef Carême no século XIX.

Essas novidades finalmente alcançam a França vindas na bagagem de duas damas da família Médicis: Catarina de Médicis, a noiva do futuro Henrique II, em 1533, e Maria de Médicis, esposa de Henrique IV em 1600. Graças a essas bodas, a Renascença de Veneza e de Florença chega às cozinhas francesas e, com elas, chefs da culinária renascentista especialistas em preparar pratos delicados e elegantes, como corações de alcachofra, *macaroons*, sorvetes, zabaiones e confeitaria pâtisseries. Com eles vêm o garfo e também o texto do italiano Platine de Cremone, pseudônimo de Bartoloméo Sacchi (1450-?), que discorre sobre as regras morais e estéticas associadas aos cuidados com a saúde a respeitar em gastronomia.

Catarina introduziu uma nova elegância e refinamento à mesa francesa: o garfo, o prato individual e a multiplicação de copos e taças de cristal veneziano para vinhos que substituem os de cobre, prata e estanho e indicam profunda alteração da mentalidade: o refinamento consiste em evitar o contato direto dos convivas com o alimento. Come-se com os dedos, mas apenas do próprio prato e a lavagem das mãos torna-se sistemática. A faiança é outra influência italiana: original da cidade de Faenza, famosa pela arte de recobrir peças de cerâmica com esmalte. E a presença de mulheres à mesa torna-se uma regra e não exceção, como era desde os tempos de Carlos Magno.

Portanto, o desenvolvimento da cozinha francesa deve-se à influência italiana, considerada a mãe da cozinha ocidental e, provavelmente, cuja maior contribuição tenha sido influenciar a cozinha francesa.

Começam a comparecer os produtos do Novo Mundo: o milho trazido em 1560 do Peru, o tomate, a pimenta, a batata e o chocolate.

A cozinha como oficina aperfeiçoa-se. Bartolomeo Scappi publica *L'Opera*, em que propõe uma cozinha modelo que seja agradável, arejada, bem distribuída.

A cozinha dos reis e dos chefs alquimistas. La Varenne

> *Ao consumir esses molhos sublimes, esse "ouro líquido", a humanidade se transforma.*
> J. Favre

É no decorrer do século XVII e início do século XVIII que se dá o nascimento da grande cozinha francesa. Duas forças foram determinantes para seu crescimento e aprimoramento. A primeira foi a alquimia – ciência então séria que tinha entre seus seguidores, além de Isaac Newton, vários chefs, empenhados na pesquisa do "espírito das coisas" e, no âmbito da cozinha, na busca do "suco vital" dos alimentos.

Daí surgem duas novas técnicas de liga na culinária francesa: a liga com farinha (não mais o pão) e a redução (técnica para aumentar a untuosidade de um molho) que faz evaporar por ebulição uma parte do molho, aumentado sua viscosidade e concentrando seu sabor. Entram em cena os sucos obtidos de frutas e do tomate e os caldos (longo cozimento de legumes e carnes), precursores da Teoria dos Fundos, que viria dois séculos mais tarde. Também aparece a primeira receita de *roux* (liga de farinha com manteiga) de que se tem notícia, e é introduzido na França o fogão com várias bocas.

A segunda força foram as demandas por luxo e excelência culinária na corte de Luís XIV, o rei Sol que reinou com poder absoluto de 1643 a 1715. É ali em Versalhes que se elabora a gastronomia do Grande Século, em que a cozinha transcende a simples função de alimentar para transformar-se em prazer, o que é divulgado por toda a França pelos livros de culinária.

O primeiro livro de cozinha francesa de fato aparece em 1651: *Le Cuisinier François*. E seu autor, o excepcional chef Pierre La Varenne (1615-1678), é o primeiro a batizar uma receita com seu próprio nome. *Le Cuisinier François* é um marco de progresso sobre Tailvellant e bom exemplo da transição entre a Idade Média e os tempos modernos ao estabelecer um princípio básico na culinária francesa: o uso de especiarias e temperos deve fazer aflorar o verdadeiro aroma natural dos alimentos, exaltá-los em vez de disfarçá-los. Traz receitas claras em ordem alfabética, instruções para cozinhar legumes, indicações para que as especiarias não ocultem o sabor da comida, para a adição de trufas e cogumelos a fim de dar aromas sutis às carnes e para que os assados sejam servidos em seu próprio suco de moda a reter os aromas.

Da mesa dos pobres à dos nobres: Luís XIV e os legumes

Em 1654 Nicolas de Bonnefons lança as bases da nova cozinha, que deve estar atenta aos verdadeiros sabores dos alimentos. Em *As delícias do campo* determina "que a sopa de couve, saiba à couve, a de alho-porró saiba ao alho-porró..,". É toda uma mudança de mentalidade: chegam à mesa da aristocracia as raízes, os tubérculos, como a cenoura e os legumes, pelos quais o rei é apaixonado.

Embora extravagante, Luís XIV tinha real interesse na arte culinária. O monarca estabeleceu novo protocolo: os pratos passam a ter uma ordem de apresentação, o uso do garfo dissemina-se, inicia-se a manufatura de porcelana francesa. Os legumes ganham ribalta contracenando com as carnes. Luís XIV ocupou-se, até contratar um agrônomo para supervisionar os jardins de Versalhes, de morangos, aspargos, ervilhas e melões ali plantados, além de prestigiar com títulos honoríficos sua equipe de cozinha.

Nessa época, o chocolate e o café chegam à França e nascem os assados e os molhos mais adequados para acompanhá-los, assim como se avança em elegância e em limpeza. As profissões ligadas à cozinha, como chef confeiteiro, começam a se desenvolver.

A cozinha racional e o burguês de Molière

É nessa época que surge a "cozinha racional", proposta por certo L. S. R. (não se sabe quem se oculta sob essas três letras) que lança a culinária francesa definitivamente na modernidade com seu *A arte de bem tratar* (1674). L. S. R. condena violentamente os últimos traços da cozinha medieval, suas combinações aberrantes e apresentações complicadas. Louva a simplicidade, a importância de *mijotage* (o cozimento lento em fogo baixo) e o equilíbrio dos componentes, importante influência na evolução da cozinha e do serviço.

Nesse período a consumação ostensiva de produtos exóticos é substituída por refinamentos técnicos, e o que distingue a cozinha nobre da burguesa não é mais o preço dos produtos, mas a complexidade dos métodos e da ciência da cozinhar.

Assim, em 1691 surge pela primeira vez o termo burguês na literatura culinária, 21 anos após o aparecimento de *O burguês fidalgo* de Molière, que ridiculariza o burguês metido a copiar o nobre. Trata-se de *O cozinheiro real e o burguês* de Massialot (1660-1733), para quem a cozinha burguesa pode alcançar no nível da nobreza e aproximar-se a seu bom gosto. Naturalmente, a nobreza imitada busca novos refinamentos que serão copiados, e com essas atitudes avança a gastronomia francesa. O serviço à mesa evolui e se sofistica. Os jantares passam a ter três serviços distintos.

DESCARTES, AS MOUSSES E OS PURÊS

Estavam em voga nesse período as *Preciosas ridículas* de Molière e o pensamento cartesiano (penso, logo existo) que separa o homem em duas entidades hierarquizadas: o pensamento consciente, a mente; e o corpo, com base em sua mecânica. Nascem da influência dessas ideias musses e purês, os alimentos por excelência das mulheres, as "preciosas". Deve-se permitir que se coma sem o espetáculo grosseiro da mastigação. Musses e purês já vêm "mastigados" e podem ser saboreados e engolidos discretamente sem perturbar a comunicação das almas. É desse período do chantili, inventado por François Vatel (1631-1671), responsável pela gestão do Castelo de Chantilly e também de seus festejos e espetáculos.

A cozinha francesa torna-se internacional graças a Vincent La Chapelle (1690-1746?). Viajante e cozinheiro, La Chapelle foi chef em casas nobres na Irlanda, da Inglaterra, da Holanda, da Alemanha, de Portugal e nas Índias Orientais. Aberto às cozinhas estrangeiras, ele as assimilou e integrou à francesa.

Nessa época surge o nome de Menon, outro enigma como o de L. S. R. Assina *A cozinha burguesa* e *As ceias*

da corte, publicados em 1746. Neste último critica os que não valorizam as obras profissionais capazes de instruí-los e insiste na necessidade da teoria para os profissionais da cozinha: "como já se disse de outras artes, a teoria é uma prática antecipada e de uma à outra a passagem é curta e fácil...". Para ele (ou seria para ela?), a associação teoria-prática é a base da criatividade e, ao buscar uma nova cozinha, não se pode dispensar a mais antiga que lhe serve de base.

Ao vencedor, as batatas: parmentier

Para que as batatas conquistassem a cozinha francesa e viessem a se tornar a base de sua alimentação, Antoine-Auguste Parmentier (1737-1813) precisou lançar mão de um inusitado estratagema. Original da América do Sul e introduzida na Espanha em 1535, o tubérculo desenvolveu-se na Itália, na Suíça e na Alemanha, mas era recusado na França.

Por conta da carestia endêmica, a Academia de Ciências promoveu um concurso para premiar a descoberta de uma substância que pudesse atenuar os males da fome que dizimava habitantes de províncias inteiras.

Parmentier estava convencido das vantagens da batata, mas, apesar de todo seu empenho, ninguém lhe fazia caso. Idealizou, pois, um ardil: plantou batatas nas terras cedidas por Luís XVI e ali postou uma guarda ostensiva para "proteger" a plantação. O povo intrigado começou a suspeitar de que algo valioso devia ali ser cultivado. Com a ausência cúmplice dos guardas, começaram a "furtar" o tubérculo e terminaram por levá-lo à mesa. O monarca, persuadido da importância do tubérculo, tratou de dar o bom exemplo e o introduziu no cardápio de seus jantares. Por imitação, as batatas conquistaram a mesa de nobres, burgueses e pobres.

A Revolução Francesa, os cafés e os restaurantes

Se eu fosse o soberano deste país, fecharia os cafés
(...) por serem perigosos para o futuro do país.
Montesquieu

O serviço à francesa conheceu seu esplendor e maior refinamento sob Luís XIV e Luís XV, de 1643 a 1774. Depois deles, o dilúvio, ou melhor, a revolução. Efetivamente, talvez se tenha tornado profética a famosa declaração *"Après moi, le déluge"*, (depois de mim/nós, o dilúvio) atribuída ora a Luís XV, ora à célebre madame de Pompadour, sua amante e conselheira.

A revolução de 1789 influenciou profundamente a gastronomia francesa e europeia, e certamente contou com os cafés para fermentar e propagar a rebelião.

Em 1674, o siciliano Francesco Procópio dei Coltelli abriu o primeiro café parisiense, o Café Procope (hoje na rue de L'Ancienne Comédie, nº 13). Ali se admitia a frequência de mulheres e parte de seu sucesso se deve à novidade de afixar no estabelecimento as notícias do dia. Rapidamente, os cafés tornaram-se lugares de difusão de ideias, informação, debate e berço de boatos. Em 1721 Paris já contava com trezentos cafés e no final do século XVIII as ideias revolucionárias e, não sem razão, Montesquieu advertia sobre seu caráter subversivo.

Frequentaram o Procope os iluministas Voltaire, Diderot, Montesquieu e Rousseau. E, à época da Revolução, figuras capitais, como Danton, Marat, Legendre e Desmoulins.

Ao decapitar e pôr em fuga os nobres, a revolução trouxe o desemprego aos grandes *chefs de cuisine*, que para sobreviver foram obrigados a abrir restaurantes ou a seguir seus patrões no exílio.

O termo restaurante tem origem no *bouillon restaurant*, o caldo restaurante, porque restaurava os que bebiam, presente desde a Idade Média em albergues e tavernas populares. O primeiro restaurante foi aberto por certo Boulanger que servia caldos, mas não carnes, porque essas eram de competência de outra corporação. A Revolução também fez uma degola nesse tipo de privilégio, dando oportunidade para que os restaurantes pudessem servir de tudo. O primeiro restaurante, tal como o conhecemos atualmente, foi aberto em 1789 por Antoine Beauvilliers (1754-1817) que anos depois abandonou seus fornos para ensinar como escolher e decantar vinhos.

Assim, os restaurantes tornaram-se a principal arena do desenvolvimento da cozinha francesa que chegou a patamares elevados graças ao gênio e ao talento de chefs jamais igualados, como Carême, Escoffier, Dubois, Gouffe, Favre, Duglere e Reculet, cujos feitos eram divulgados por gourmets ou *gourmands* de não menor qualificação: Brillat-Savarin, Grimond de la Raynière e Monselet.

A crítica gastronômica. Grimond de la Reynière e Brillat-Savarin

Com o acesso do público à cozinha dos grandes chefs, nasce em 1802 um novo gênero literário: o da crítica gastronomia e os primeiros textos dedicados a avaliar e divulgar os pratos dignos de ingressarem no mundo da gastronomia. Trata-se de os *Almanach Gourmand* (1802-1812) publicados por Alexandre Balthazar Grimond de la Reynière (1758-1837), os quais fizeram enorme sucesso.

O mais genial desses gourmets escritores foi, sem dúvida, Jean-Anthelme Brillat-Savarin (1755-1826). Jurista, filósofo, músico e gourmet, esse homem do mundo dedicou parte de seu tempo a pensar a gastronomia. É dele "A fisiologia do gosto" (1825), conjunto de reflexões gastronômicas científicas e filosóficas, crônicas divertidas e célebres aforismos como esse: "O prazer da mesa é de todas as idades, de todas as condições, de todos os países e de todos os dias; pode associar-se a todos os outros prazeres e sobra como último para consolar-nos da perda dos outro".

Filé à Rossini ou à Camões. O batismo dos pratos

Dar nome aos pratos é uma das particularidades da grande cozinha e começa já nos tempos de Massialot (1660-1733). Emprestam seus nomes figuras das artes, das letras, da música, da aristocracia ou de grandes chefs, ora porque foram eles que inventaram esses pratos, ora porque seus discípulos assim decidiram homenageá-los. A ideia do batismo é elevar o comensal que dele se nutre a esse panteão: ao consumi-lo, assimila-se e interioriza-se o prestígio e a nobreza de quem lhes dá o nome.

A idade de ouro da gastronomia. Os grandes chefs

A ordem dos pratos é dos mais substanciais aos mais leves.
Brillat-Savarin

O século XIX é considerado a idade de ouro da gastronomia, quando se firmam os grandes princípios que fizeram da gastronomia francesa um modelo internacional.

O advento dos restaurantes e o ideal da igualdade impõem novas formas de serviço. Abandona-se o fausto e, por motivos comerciais e de ideário, adota-se o serviço à russa, mais igualitário, em que o próprio conviva se serve do prato que lhe é apresentado e o qual depois volta à cozinha. Os pratos não ficam mais na mesa como em um palco espetacular, mas são trinchados na cozinha e oferecidos em seguida aos convivas no momento em que o sabor está em seu apogeu. Sacrifica-se o luxo pela técnica: menos espetáculo e mais sabor. O olhar cede a primazia ao paladar: passa-se de uma organização espacial (todas as peças apresentadas inteiras sobre o bufê) para a organização cronológica do ciclo digestivo: os pratos se sucedem em uma ordem precisa. Enfim, é a estética do gosto.

Por essa época, convivem dois mundos gastronômicos na França: o dos restaurantes, com o serviço prato a prato e a introdução do cardápio, e o das grandes casas onde se mescla o antigo serviço à francesa com o que desponta.

Aparecem novas regra de associações: ao contrário do que sucedia na cozinha à francesa, na qual a ordem dos pratos vai dos mais substanciais aos mais leves, assiste-se a um movimento do crescendo e decrescendo que tem seu apogeu no assado (aperitivos ou entradas, sopa -> assado <- sobremesa e frutas). Surge então o *sorbet*, que satura a boca de frio e açúcar e prepara, assim, o paladar para a percepção máxima do assado.

Aparecem regras de encadeamento de modos de cocção mais precisas: cocções úmidas (*cuissons mouillées*) como *pochées*, *braisées* que precedem o assado. Também surgem regras de associações mais precisas de vinho e comidas. O peixe ganha *status* de prato autônomo, sem a mistura com carnes, de uso dos séculos XVII e XVIII, e passa a comparecer ora como entrada, ora como prato principal.

Nos restaurantes o *maître d'hôtel* deve ser um diplomata, compreender intuitivamente os desejos do consumidor, conhecer a fundo a cozinha e ressaltar as qualidades do prato. O maître há de ser um *metteur en scéne*, um pouco artista para acrescentar um tanto de pirotecnia e espetáculo. Nasce assim nos restaurantes um complemento do serviço: a flambagem e o trinchar em uma mesa ao lado.

Uma nova lógica na cozinha. Carême

Um dos maiores responsáveis por uma nova ordem na cozinha foi Marie-Antonie Carême (1783-1833), também conhecido como o Arquiteto da Cozinha Francesa e considerado o maior mestre da cozinha moderna.

Filho de família numerosa e miserável, foi abandonado aos dez anos pelo pai em um dos portões de Paris com as seguintes palavras de incentivo: "Hoje em dia é só usar a inteligência para fazer fortuna e ser alguém, e inteligência você tem. *Va petit* – com o que Deus lhe deu". O menino acabou sendo acolhido por um cozinheiro e sua família com quem começou sua aprendizagem da cozinha.

Carême tinha alma de arquiteto e gastava seu tempo livre perambulando por Paris, admirando sua arquitetura ou frequentando a Biblioteca Real para estudar a arquitetura da Grécia, da Roma e do Egito. Tornou-se famoso na Paris do neoclassicismo por suas peças maciças de decoração de mesa, as *pièces montèes*, réplica de templos clássicos, rotundas e pontes feitos de açúcar, cola, cera e amêndoas de grande perfeição. O grande empurrão na carreira de Carême foi o convite para trabalhar para o ministro das Relações Exteriores, Charles-Maurice Talleirand, diplomata e gastrônomo que acreditava – com o apoio de Napoleão – que uma boa mesa é o melhor cenário para manobras diplomáticas. Carême também trabalhou para o csar Alexandre da Rússia, onde aprofundou o conhecimento do serviço *à la russe*. Foi igualmente *chef de cuisine* do príncipe regente inglês e da alta burguesia, a baronesa de Rothschild.

A contribuição de Carême se dá, principalmente, na imposição da ordem e da organização na cozinha. Ali onde havia um amontoado de pratos e rala preocupação com texturas, aromas e harmonização com os pratos servidos, Carême introduziu uma nova lógica: ordem e gosto. Sua mesa era, pois, planejada e executada em detalhe, cores combinando, aromas e texturas equilibradas.

Essas tendências foram aprofundadas e concretizadas graças a chefs como Urban Dubois (1818-1901), mestre de Escoffier e defensor do serviço *à la russe*. Também por essa época a cozinha vai se fazendo "exata", científica, "com os olhos postos no relógio e a balança à mão", como diria Jules Gouffe (1807-1877). Joseph Favre (1849-1903) escreve o *Dicionário universal da cozinha e da higiene alimentar* e funda o primeiro jornal de e para cozinheiros.

O século XX. Escoffier e a cozinha científica

Com o advento da alta burguesia no cenário, impõem-se novos valores que se refletem na culinária. Assim as musses deixam de ser um prato em si, porque o burguês no poder tem necessidade de valores firmes, sólidos, consistentes em oposição ao ligeiro, leve. As receitas ganham peso com muita manteiga e gordura, que arredondam não somente os sabores, mas também as formas dos comensais. Respondem a uma nova estética corporal saída dos tempos da forme: o belo é robusto e corpulento.

A tecnologia avança. Surge o fogão a gás (1850), o frigorífico (1857), nasce a indústria agroalimentícia, as técnicas de esterilização de alimentos para conservação, como a margarina, para atender às necessidades militares.

Auguste Escoffier (1846-1935) é o mestre da cozinha moderna que se encarrega de simplificar e reestruturar a cozinha clássica para adaptá-la "aos imperativos da vida ativa da clientela dessa época", do século XX. Mais do que chef, é um profissional que sistematiza, codifica e conceitua. Retoma os anseios científicos de Carême, Dubois, Bernard e Gouffé e dota a cozinha de uma classificação sofisticada que permitirá a multiplicação do número de fórmulas. Publica em 1901 o *Guia culinário*. Foi um inovador, escritor e humanista com preocupações sócias ou sindicais se atentarmos para o fato de que se ocupou em ajudar cozinheiros em dificuldades e publicou obra sobre previdência. Tem seu nome ligado à hotelaria, em especial aos hotéis de César Ritz.

Para ele, "a cozinha, sem deixar de ser uma arte, deverá ser científica e submeter suas fórmulas empíricas a um método e a uma precisão que não deixem nada para o acaso". Insiste na reforma da culinária francesa, propõe: 1) o refinamento e a modificação de aspectos da cozinha (segue a ideia de Massialot (1660-1733) de respeitar o sabor dos alimentos); 2) a simplificação das decorações; 3) a redução dos menus (abandona a "carta pretensiosa" pelo cardápio a preço fixo); 4) a aceleração dos serviços; e 5) a organização das equipes de cozinha para dividir as diversas tarefas e preparar a comida de forma mais especializada e eficiente.

Em entrevista à revista inglesa *Home Chat*, Escoffier definiu chef e cozinheiro. Este, mesmo sendo capaz e experiente, não tem as qualidades do chef. Um chef é um artista e um administrador. Deve determinar as compras, planejar menus, distribuir o trabalho entre o pessoal da cozinha etc. Para Escoffier, só quem dedica anos de estudo e de trabalho à cozinha torna-se um chef.

O fim do século XIX e início do século XX dá lugar à aliança da arte e da ciência, da tecnologia e do *savoir-faire*.

A época moderna e o turismo

A boa cozinha é uma arte que alimenta ambos, o corpo e o espírito.
Laurent Suandeau

No final do século XIX, nasce o turismo e desenvolve-se graças a uma das conquistas dos trabalhadores da época moderna, o direito às férias. São elas que dão impulso ao turismo, à indústria hoteleira e, por consequência, à valorização da cozinha regional. Também a chamada alta gastronomia passa a buscar inspiração e renovação nas cozinhas populares, burguesas e nos albergues familiares.

Em contrapartida, assiste-se ao advento dos imperativos da racionalidade econômica. A cozinha torna-se cozinha em série, química e cosmopolita. Surge o primeiro guia para os viajantes, o *Guia Michelin*, em 1900, com nome e endereços dos principais hotéis e restaurantes, classificados por mérito e indicados por suas especialidades. Suas famosas três estrelas são atribuídas pela primeira vez a um estabelecimento capitaneado por uma chef mulher: o Mère Brazier (1895-1977).

Mary quant e a nouvelle cuisine

> *O molho deve preservar, revelar o gosto do produto que ele acompanha.*
> Joël Robuchon

Sopram os ares dos anos 1960 e 1970. O luxo em demasia é condenado e se exige o retorno ao natural. A minissaia de Mary Quant, com suas modelos magérrimas ganha as ruas, assim como o movimento feminista. A mulher liberada reivindica o direito ao prazer e, nessa linha, também o comensal.

A gastronomia reflete os novos tempos: florescem os restaurantes vegetarianos e macrobióticos e surge a *nouvelle cuisine* acompanhando a nova estética corporal de esbelteza. Seus pratos são individuais, decorados com artístico esmero e leves, com a supressão da farinha na liga dos molhos, substituída pelo iogurte e o pelo purê de legumes. Essa nova cozinha preserva o gosto natural dos alimentos, como já defendiam Massialot e Escoffier, mas o faz em grau diverso. Desenvolve novas formas de cocção e um novo conceito de molhos e de estética na apresentação dos pratos. Ressuscita as musses, agora leves, sutis, delicadas, finas, aéreas, preservando a saúde e respeitando a nova estética corporal. Os responsáveis por essa mudança de rumos foram Fernand Point, *grand chef* do

La Pyramide em Viena, e seus seguidores, entre eles Paul Bocuse, os irmãos Troisgros, Michel Guérard e Roger Vergé que, após aprenderem com o mestre, retornaram às suas regiões com novas ideias.

A *nouvelle cuisine* representa também um momento de libertação culinária no qual os cozinheiros podem inovar sem repetir as obras do Século de Ouro.

Segue-se em tendência a *cuisine de terroir*, o retorno aos produtos e às técnicas da cozinha regional como uma resposta à necessidade de voltar às raízes em um mundo industrializado, globalizado que perdeu sua alma.

Chefs mulheres, *fusion cuisine* e globalização

Sou contra a criatividade kleenex, em que a cada ano se desenvolve uma técnica nova para depois jogá-la fora.
Ferran Adrià

Se Escoffier brilha no final do século XIX e início do século XX, Bocuse (1926-) e Joël Robuchon (1945-) se impõem a partir da segunda metade. Robuchon, considerado na França o chef do século, associa a necessidade de administração culinária ao desenvolvimento do domínio técnico e da estética.

No início do século XXI, os holofotes dirigem-se ao catalão Ferrán Adriá e sua pesquisa técnico-conceitual, suas invenções, como as espumas salgadas, os raviólis líquidos, as gelatinas quentes, o *foie gras* pulverizado e o "ar" com sabor. Para o revolucionário chef a cozinha contemporânea deve levar em conta os outros sentidos, além do paladar, os produtos têm o mesmo valor gastronômico, independentemente de seu preço, pode-se romper a estrutura clássica dos pratos (carne/peixe, guarnição e molho) e a equipe é valorizada: "Cria-se em equipe. Acho impossível que uma pessoa possa criar sozinha".[2] Laurent Suandeau recorda, no entanto, que há mais de um século, por volta de 1820, Carême já falava sobre o *velouté*, que resulta da transformação molecular da farinha e, em 1733, Vicent La Chapelle propunha geleias coloridas em uma receita de *cul de boeuf et ses gelées colorées*.

A atual onde de globalização que se vê na gastronomia não é a primeira e, certamente, não será a última. A culinária da Roma Antiga lucrou com os produtos que vinham de todas as partes do Império; o intercâmbio com o Oriente e as Cruzadas trouxeram o café e o açúcar. Na era das navegações, as especiarias deixaram de ser uma raridade e a descoberta do Novo Mundo trouxe o tomate, o milho, a batata e o chocolate.

Entretanto, a onda de globalização do final do século XX dá um passo adiante. Por um lado, promove-se a

---

2 - Revista *Gula*, março de 2006.

inclusão cultural com restaurantes de cozinha étnica, sejam eles japoneses, alemães, italianos, tailandeses etc. Por outro, assiste-se ao advento da chamada *fusion cuisine*. Esta não se limita a tomar produtos de outras terras e inseri-los em sua própria tradição de acordo com parâmetros culturais próprios, como se fazia no passado, mas em combinar os ingredientes e os estilos culinários do Ocidente e do Oriente, propondo uma nova experiência gastronômica.

Chefs mulheres

A gente não nasce mulher, torna-se mulher.
Simone De Beauvoir

Tradicionalmente, o trabalho na cozinha de lares e famílias é incumbência das mulheres. Pintores, dos menos aos mais famosos, retrataram as mulheres nesses afazeres: Murilo e Rembrandt, entre tantos mestres flamengos, holandeses e alemães. Metzu retratou a cozinheira descascando batatas, Dow, cortando cebolas e Snyders, preparando a galinha.

Na verdade, o lugar tradicionalmente reservado à mulher – e o único a que ela teve direito nesses últimos cinco ou seis mil anos de história da humanidade – era o espaço doméstico. Era-lhe imposta a cozinha doméstica e proibida a da esfera pública, de uma taverna ou de um restaurante, do mesmo modo que lhe eram proibidas a sala de cirurgia, os tribunais e a cadeira de presidente. Não somente lhes eram fechadas as portas das cozinhas de restaurantes como muitos chefs de renome gastaram tempo e papel para barrar o acesso delas à alta gastronomia, sob o discutível argumento de que elas jamais chegariam a grandes chefs, pois lhes faltavam paladar, sensibilidade, outros atributos biológicos etc.

Esse panorama começou a se alterar a partir da revolução feminista, da qual um dos expoentes foi a francesa Simone De Beauvoir (1908-1986) e seu *O segundo sexo* (1949). Nele, a autora revela que a hierarquia entre os sexos não é umas fatalidade biológica e sim uma construção social, isto é, a falta de igualdade biológica e sim construção social, isto é, a falta de igualdade de direitos tem raízes culturais e não biológicas. Segundo Beauvoir, as mulheres tornam-se "mulheres" pela educação – desde o berço – que reprimia nelas a ambição de se sobressair em um campo do saber ou atividade pública, além da proibição de se aprofundarem nos estudos, de fazer uma carreira etc.

Atualmente brilham no cenário internacional as chefs duplamente estreladas pelo *Guia Michelin* Hélène Darroze e Anne Sophie Pic, que deve receber sua terceira estrela em breve, como o recebeu a Mère Brazier, que formou Paul

Bocuse e foi a primeira pessoa a receber as primeiras três estrelas do *Guia Michelin* em 1933. Nos Estados Unidos, a chef Anne Rosenzweig destaca-se à frente de seus dois restaurantes triplamente estrelados pelo *New York Times*: o elegante Arcádia e o Lobster Club em Nova York. E Leslie Revsin (1944-2004), que se tornou a primeira mulher chef na cozinha do famoso Waldorf-Astoria Hotel, em Nova York.

Contestação dos guias turísticos

Também nessa época passa-se a contestar a ditadura dos guias turísticos: Alain Senderens renuncia às suas três estrelas para simplificar e Lucas Carton para deixar a conta "mais em conta". Com essa ideia de melhorar a rentabilidade de seu estabelecimento, muito chefs têm criado paralelamente a seus luxuosos e estrelados restaurantes pequenos salões ou bares de tapa, sofisticados, mas com uma conta menos salgada. É o caso do Le Salon d'Hélène Darroze e do L'Atelier de Joël Robuchon.

De qualquer modo, a culinária, como qualquer outra arte, tem suas vanguardas, exerce e sofre influências. O que importa não é tanto o *dernier cri*, a última moda, mas o que cada movimento da culinária – seja *nouvelle cuisine*, *cuisine de fusión*, étnica, não importa o nome – acrescenta ao caldo soberbo e saboroso da gastronomia.

Industrialização, fast foods e quilos

O paladar, não tem quem o defenda naquelas pessoas que o perderam no embotamento mecânico das refeições distraídas, no automatismo displicente e diário.
Câmara Cascudo

O advento das cadeias de fast food no mundo inteiro, a padronização e a industrialização de alimentos, além dos "quilos" ou *salad bars* têm levado os especialistas a se indagarem se a instituição culinária está ameaçada por uma possível "deformação" do gosto gastronômico. A questão é polêmica, e não há aqui espaço para essa discussão.

No entanto, pode-se sempre concordar com a máxima de Brillat-Savarin "diz-me o que comes e eu te direi o que tu és", pois a comida e o local que se frequenta são indícios da posição de cada um na sociedade.

O sociólogo Pierre Bourdieu afirma, baseado em estatísticas, que "o nosso gosto, e todo o nosso comportamento de consumo, é uma expressão da classe social"[3] e as diferentes classes sociais podem ser identificadas pela maneira como expressam seus gostos na música, na arte e

---

3 - SLOAN, Donald. (Org.) . Gastronomia, restaurantes e comportamentos do consumidor. Trad. Sonia Bidutte. Barueri: SP, Manole, 2005, p.2.

na comida. Quando César Ritz abriu um suntuoso salão de refeições no Savoy Hotel de Londres, em 1889, ele apostava não tanto na fome dos burgueses, mas em sua necessidade de ostentação. Isso também se pode dizer de cadeias de fast food: espelham preferências de segmentos sociais que se identificam com elas.

O ritmo de vida tem levado grande número de comensais a preferir cadeias de fast food ou quilos, em São Paulo, e *salad bars*, em Nova York, certos de que poderão se alimentar rapidamente dentro de um padrão de higiene e sabor. Está por isso ameaçada a instituição culinária? Igual pergunta se poderia fazer na música: o afoxé ou a música eletrônica vão acabar com Mozart ou Villa Lobos? O grafite das ruas reduz o público das galerias de arte? Certamente não. Há público para todas as mesas e balcões.

ENOGASTRONOMIA: O CASAMENTO DE PRATOS E VINHOS

*Em princípio, a finalidade do vinho
numa refeição é torná-la mais saborosa.*
Myra Waldo

*Por rebuscados que sejam os bons pratos e
suntuosos os acessórios, não há prazer da mesa se o
vinho é ruim, os convivas juntados sem escolhê-los, as
fisionomias tristes e a refeição consumida às pressas.*
Brillat-Savarin

Gastronomia é estilo de vida, como dizia Brillat-Savarin, ou seja, é a arte de bem comer uma comida bem-feita e em boa companhia. E entenda-se por companhia os amigos e os vinhos.

Das muitas bebidas que acompanham as refeições, o vinho é a que reúne as melhores possibilidades de realçar sabores e fazer de um bom prato uma refeição inesquecível. É ele que prepara o palato e limpa a boca durante a refeição para tornar mais harmônicas as sensações táteis e aromáticas.

Combinar pratos e vinhos não é tarefa simples, exige um tanto de engenho e arte, ciência e perspicácia, pois o que se busca é realçar as qualidades do prato e as do vinho de modo que um não faça sombra ao outro.

Tanto o prato quanto o vinho têm sabores específicos, muito próprios, e o que a enogastronomia pretende é que saboreados em conjunto – um gole de vinho em seguida a uma garfada – resultem em um terceiro e feliz sabor de união equilibrada. É o casamento perfeito em que as partes se complementam e se harmonizam.

Exemplo de casamento infeliz seria a escolha de um vinho tinto frutado, um chianti clássico, para acompanhar um delicado peixe ao vapor. A consequência é o atropelamento do linguado pelo chianti. Perde-se a arte do cozinheiro e não se realçam nem sabores, nem texturas. Outro casamento cujo único final feliz seria mesmo a separação: uma carne-seca ou um pato assado com um *sauvignon blanc*, vinho branco leve e frutado. A carne há de "fazer picadinho" da bebida e o frescor e a animação do *sauvignon blanc* hão de sucumbir deprimidos entre uma garfada e outra.

No entanto, um espaguete ao molho de carne com o chianti clássico, assim como o *sauvignon blanc* com o peixe farão o céu (da boca) se encantar diante de pares tão bem combinados e equilibrados. O par baila harmonioso, simplesmente porque se respeitaram as características de um e de outro. Como no tango, a beleza da dança vem do equilíbrio e da harmonia existente entre os dançarinos.

Em busca do par perfeito

A ordem das bebidas é das mais moderadas às mais fortes e perfumadas.

Não se mudar de vinho é uma heresia; a língua se satura e, depois do terceiro copo, o melhor dos vinhos produz apenas uma sensação confusa.
Brillat-Savarin

A tradição determinava peixe com vinho branco, carnes com tintos, e uma combinação simplória. Na verdade, têm razão os portugueses que saboreiam seu bacalhau com um vinho tinto jovem, justificando a quebra da regra com um argumento espirituoso e gaiato: "bacalhau não é peixe".

Uma regra à prova de transgressões é a de combinar pratos regionais com vinho também regionais. A compatibilização de vinhos locais com a culinária regional é harmonização provada e comprovada por anos de testes e degustações passadas de geração para geração até a seleção do melhor conjunto vinho/prato. Daí o sucesso garantido do italianíssimo espaguete ao molho de carne com o chianti clássico produzido na Toscana.

Embora nos dias de hoje os cardápios caudalosos do tempo de Luís XIV já não estejam na moda, persiste o costume de entrada, prato principal e sobremesa. Para cada um deles, a enogastronomia propõe o acompanhamento de um vinho que dê brilho a cada prato e quebre a mesmice de se beber do mesmo vinho o tempo todo.

Motivo para bons casamentos. Afinidade. Oposição. Aromas

Há casamentos felizes ora porque as afinidades são muitas, ora porque as oposições e os contrastes os fazem mais interessantes e apetitosos. Ou pela atração dos aromas. O magnetismo dos aromas não se limita a reunir homens e mulheres, seduzidos pelo ferormônios de um e de outro, os famosos "cheiros do amor". Também na mesa, os aromas dos vinhos indicam combinações felizes.

Harmonização por afinidade

Combinam-se vinhos e pratos de mesmo ânimo e linhagem, em geral nascidos na mesma região e prometidos em casamento desde o berço...

É o caso dos vinhos tintos toscanos, da casta sangiovese, que combinam maravilhosamente com massas, champignons e culinária local, assim como com a culinária mediterrânea: alhos, ervas, tomate etc.

Resultam em felicidade a união delicada de vinhos brancos que – pela sensibilidade de alma – casam melhor com peixe, molhos leves, legumes, entradas e aperitivos justamente por respeitarem a leveza desses pratos.

Harmonização por oposição

Aqui se cruzam pratos de climas quentes com vinhos de zonas frias e resultados saborosos; e vinhos brancos frutados com cozinha exótica e condimentada. Um exemplo: pratos da culinária tailandesa com os vinhos Gerwustraminer da Alsácia.

Por oposição e afinidade

Vinhos doces vão muito bem com gordura. Por exemplo: um vinho de colheita tardia com *foie gras*, frituras ou queijo gorgonzola.

Por aromas

Aromas de vinhos frutados combinam com alimentos agridoces, compotas, pratos leves com frutas.

Aromas amanteigados ou que lembram mel indicam uma agradável combinação com molhos à base de creme e manteiga.

Vale também considerar na harmonização as características de vinhos e pratos.

Vinhos Tintos

Característica do vinho	Característica do prato
+ tanino	+ gordura
+ álcool	++ gordura
+ complexidade aromática	+ sabor/aromas
+ corpo	+ complexidade e gordura no alimento
+ maturidade e elegância	+ sutileza dos alimentos

Vinhos Brancos

Característica do vinho	Característica do prato
+ acidez	+ untuosidade
+ frutado/floral	+ complexidade aromática
+ álcool	+ gordura
+ corpo	+ complexidade de molhos e guarnições
+ açúcar	+ gordura
+ açúcar	+açúcar

Convém recordar que harmonizar pratos e vinhos pede aprofundamento e estudo de enologia, pois atualmente a variedade de vinhos é muito grande e há diferenças marcantes entre um vinho da mesma cepa produzido no Velho ou no Novo Mundo.

GASTRONOMIA NO BRASIL: CHEFS, CRÍTICOS E ESCOLAS

> *É do caráter exótico dos ingredientes que pode nascer o caráter típico de uma cozinha brasileira conhecida no mundo.*
> Pierre Troisgros[1]

Por pouco Hans Staden – como o bispo Sardinha – não se tornou, em mãos dos tupinambás, item de gastronomia típica dos primórdios da Terra de Vera Cruz. De um ângulo privilegiado, embora desconfortável, o alemão pôde observar a multidão de ingredientes "exóticos" dessa

---

1 - Revista eletrônica Basilico (basilico.uol.com.br Artigo de Giovana Romani, mesa-redonda do Senac em 25.8.2006).

terra em que se plantando tudo dá. "Exótico" para quem vem de longe, pois, para os brasileiros, exóticos deveriam ser o morango, o kiwi, as cerejas e jamais o açaí, o caju e o maracujá...

Lamentava Luís da Câmara Cascudo, na primeira edição, de 1967, de sua alentada *História da alimentação no Brasil* o número reduzido e de difícil leitura dos livros de culinária tradicional das diversas regiões brasileiras, à exceção da Bahia, que tem e tinha à época interesse no registro de sua culinária.

Embora o país apresente uma cozinha regional rica e diversificada, seus produtos passaram a receber tratamento de culinária clássica francesa de alto padrão com a vinda dos pioneiros Laurent Suandeau e Claude Troisgros, em 1979-80, indicados por Paul Bocuse. Laurent criou pratos como mousseline de mandioquinha com caviar, creme de aipim com maracujá e bacon, quiabo com minimacarrão, gnocchi de milho verde e até uma variação de pato no tucupi, que ele conheceu no Pará. Vieram depois Erick Jacquin, Luciano Boseggia, Pascal Valero, Cristhofe Carli e Emmanuel Bassoleil, entre outros.

Receita de chef

> *O chef é o organizador, o gerente da cozinha e a força criativa do restaurante. O cozinheiro, por contraste, é o operário qualificado na linha de produção que prepara diariamente a comida do cardápio de acordo com o indicado pelo chef.*
> Renata Braune

Para aqueles e aquelas que desejam seguir carreira como chef, aqui vão três comentários de chefs famosos.

O primeiro é do renomado chef francês Laurent Suaudeau: "As bases da cozinha clássica são fundamentais para qualquer profissional, por mais moderno que seja. Elas incluem desde saber cortar um legume e usar corretamente a faca e o *vocabulaire culinaire* até a forma de cocção e finalização de um prato. Uma receita é a consequência do conhecimento, a última etapa de um processo passo a passo que dá certo porque vem sendo testado há séculos".[2]

O segundo comentário é de Debbie Gold, premiada como melhor chefe do Centro-Oeste norte-americano com seu estrelado restaurante 40 Sardines: "Gosto das

---

2 - Revista *Gula*, n.º 160, fevereiro de 2006.

escolas de gastronomia. Do que não gosto é da atitude de alguns estudantes que, uma vez formados, dizem: 'tudo bem, agora que acabei a escola sou um chef'. É mais ou menos como nas faculdades de direito: você cursa direito, sai e consegue um trabalho como advogado; você não sai da faculdade e se torna um juiz".[3]

Finalmente, o último que complementa os dois primeiros é de Susanna Foo, do restaurante Susanna Foo's Chinese Cuisine na Philadelphia e considerada, em 1989, pela revista *Foods and Wine* um dos dez novos melhores chefs da América. Seu restaurante é famoso pela *fusion cuisine,* a fusão de cozinha chinesa e francesa: "Você vai ter de dar duro, trabalhar muito nesta carreira... e também vai ter de ler e viajar sempre para aprender, para enriquecer-se... e não adianta pensar que você sabe tudo".[4]

Comprometidos com uma boa profissionalização, um punhado de brasileiros fez as malas por volta de 1990 e voou atrás de cursos de qualificação, como os da escola Cordon Bleu de Paris. Entre esses, conta-se Vanessa Fiúza, Flávia Quaresma e Renata Braune, cujo trabalho de chef tem sido reconhecido dentro e fora do país.

A gastronomia brasileira tem hoje como expoentes, embora de estilos diversos, Alex Atala, Paulo Martins,

---

3 - In: "A woman's place is in the kitchen", p. 210.
4 - Idem, ibidem, p. 217.

Milton Schneider, Rodrigo Martins, Flávia Quaresma, Carla Pernambuco, Douglas Santi, Ana Soares, Roberta Sudbrack, Renata Braune e muitos outros. E já conta com uma promissora geração de jovens chefs brasileiros, alguns formados em escolas tradicionais no exterior, outro em um dos cursos de nossas escolas de gastronomia, como a Universidade Anhembi Morumbi, FMU, Senac, Unip, Univale, Estácio de Sá (RJ) e Unisinos (RS), Hotec, Unisul, USC-ICIF e UFRPE, entre outras.

Críticos e escolas

É conhecida a aversão dos artistas a seus críticos. Camille Saint-Saëns, em sua fantasia para orquestra de câmara "O carnaval dos animas", lhes reserva o trecho em que os burros zurram.

Também é verdade que o tempo passa, os artistas e suas obras ficam, mas seus críticos caem no esquecimento. Ninguém recorda o nome deles. No entanto, desempenham um importante papel quando atuam com profissionalismo e isenção de ânimo, justamente o que faltou ao compositor francês que deles se vingou em sua música. Por isso, vale a pena recordar aqui os principais nomes da crítica e do jornalismo gastronômico da imprensa brasileiro que atuam com talento e ânimo isento: Ricardo Castilho e J.A. Dias Lopes, respectivamente, da revistas *Prazeres da Mesa e*

Gula; Josimar Melo e Guta Chaves, das eletrônicas *Basilico na Web* e Guta Chaves, além de Saul Galvão, Nina Horta, Danusia Bárbara do Rio e Liana Sabo de Brasília. À falta de um *Guia Michelin* ou *Zagat*, a culinária brasileira conta com os guias de grandes jornais de São Paulo, do Rio de Janeiro e de revistas semanais, como *Veja*.

GASTRONOMIA BRASILEIRA: ALIMENTOS, HISTÓRIA E EVOLUÇÃO

Certo é que a fixação do paladar resulta da incalculável repetição dos estímulos sápidos. Essa insistência capitaliza-se na memória, como um fichário pronto a identificar a espécie apresentada desde que se dissolva na boca.
Câmara Cascudo

Os vegetais "são, para o povo brasileiro, complementares" e a força, a substância da refeição "vivem na carne" atesta Câmara Cascudo.[1] É ele também que enumera a

---

1 - Câmara Cascudo. Op. Cit., p. 365.

comida normal, cotidiana do povo: "come carne, farinha, feijão, arroz. Noventa por cento cozinhado. Carne assada implica farofa. Peixe traz o cortejo do pirão escalado ou mexido no fogo. O feijão de ementa comum não é a feijoada".[2] E recorda com ênfase que nem todos os pratos populares são diários. "Nenhum baiano come caruru, vatapá, moqueca no almoça de todo dia. Nem feijoada completa cabe senão uma vez por semana. Buchada de carneiro é regalo fortuito", e conclui: "mas todos os brasileiros servem-se de comida de panela, carne cozida, feijão, farinha".[3]

A cesta básica dos primórdios da Terra de Santa Cruz

Câmara Cascudo lamenta do brasileiro do século XVII sua preguiça utilitária, "colhe sem plantar", o que levou ao desaparecimento dos cajuais no Nordeste, das matas de mangabas, oitis, ingás, jabuticabas etc., devastadas, destruídas e jamais replantadas. No tempo dos índios a colheita não chegava à exaustão com exceção do palmito que, retirado, significa a morte da palmeira.

---

2 - Ibidem, p. 369.
3 - Ibidem, p. 369.

Plantava-se apenas a "cesta básica": mandioca, milho, batatas, carás, posteriormente inhames, bananeiras e o amendoim. O europeu provocou um transformação na economia nativa a começar pela banana e pelo inhame. Em seguida trouxe gado bovino, ovelhas, cabras, carneiros, porcos e os galináceos que passaram a ser tão estimados quanto as aves silvestres de rios e lagoas.

A base de nossa nutrição popular é, pois, de origem indígena: "comida que não enche, não faz bucha, não tem densidade para a mastigação, jamais seria, para o indígena, um alimento", declara o historiador (ibidem, p.155). Assim, o cardápio brasileiro cotidiano com base no do indígena privilegia a "sustança": mandioca, milho, batata, feijão, considerados acompanhantes indispensáveis à refeição. Embora os feijões não fossem habituais na refeição indígena, principalmente nos dois primeiros séculos, eram cultivados do final do século XVII em diante do Nordeste para baixo. As frutas continuam sendo as preferidas também dos índios no século XVI: caju, abacaxi, goiaba, cajá, maracujá, imbu, mamão, apesar da presença privilegiada de laranjas, limas e limões.

Também se devem, segundo Câmara Cascudo, aos indígenas caças, peixes, crustáceos e moluscos da *terra brasilis* que o português aprendeu a saborear, assim como nossos sucos de frutas que se originam dos vinhos festivos indígenas, e atualmente comportam o açúcar e dispensam a fermentação. Também lhes devemos a pimenta, abóboras, palmitos e óleos vegetais e assim como pirão, o mingau, o caldo de peixe e o biju, avô dos bolos nacionais, e a carne assada no moquém, a paçoca, a moqueca e o caruru. E, finalmente, devemos aos indígenas a rede, que encerra com a sesta uma boa refeição.

Do descobrimento ao século XVII

Os portugueses aqui chegados relatam o cardápio dos habitantes primeiros da Terra de Santa Cruz. Nossos colonizadores acreditavam que o alimento que substituía o pão para os tupiniquins era o inhame. Equivocaram-se, pois não era inhame, mas sim mandioca o que nossos índios comiam. Certamente os portugueses confundiram a mandioca, da família das euforbiáceas e nativa da América do Sul, com o inhame, que é uma designação comum às plantas da família das aráceas e das dioscoreáceas, cujo cultivo nas áreas tropicais da Ásia data de milênios.

Cem anos de descobrimento corridos e já há registros de mantimentos da Colônia por ordem de importância: a mandioca, o arroz e, em terceiro lugar, o milho.

Gabriel Soares de Sousa, português que aqui viveu dezessete anos e autor do *Tratado descritivo do Brasil*, publicado em 1587, dedica sete capítulos de sua obra à mandioca, à carimã, que é a raiz seca, e ao aipim, uma variedade.

A mandioca, do tupi *mandi'oka* ou do guarani *mandiog (mandïï + og)*, foi o alimento regular e indispensável aos nativos e europeus recém-chegados. Da farinha dessa raiz saiam mingaus, beijus, caldos e bolos. Da carne à fruta, a mandioca era o acompanhamento por excelência.

Os bandeirantes em sua marcha de conquista partindo de São Paulo tratavam de deixar pelo caminho alguns companheiros com a missão de plantar mandioca, fazer a farinha e levá-la aos demais que seguiam em frente sertão adentro.

Da massa da mandioca tira-se farinha e dela o beiju assim como, por decantação, extrai-se uma goma que é a tapioca. Temperando-se com leite de coco, canela em pó e açúcar tem-se a tapioca-molhada, tapioca-de-coco. Da carimã (do tuipi *kari'mâ*), a farinha seca e fina ou o polvilho da mandioca, as mulheres portuguesas criaram mingaus e bolos.

O brasileiro dos primórdios do descobrimento alimentava-se, além da mandioca (*Manihot esculenta*), também da macaxeira (do tupi *Maka'xera*), que é a mandioca mansa ou o aipim (*Manihot palmata*), também da família das euforbiáceas. Até hoje, a mandioca e derivados, farinha, gomas, tapioca, polvilhos, seja na forma de mingau, pirão ou o que for constitui alimentação e acompanhamento permanente para grande parte da população brasileira.

Gabriel Soares de Sousa, em seu *Tratado descritivo do Brasil*, escreveu também sobre outro mantimento, natural da terra e o qual os índios chamavam de ubatim: o milho, alimento essencial dos incas, que desceu às nossas plagas. Inicialmente destinado a cavalos galinhas, o milho ganhou, por volta de 1618, pelas mãos das laboriosas portuguesas um novo *status* e passou a comparecer com brilho nos bolos. E por influência conjunta das culinárias indígena, africana e portuguesa o milho veio para ficar. Junho, mês de São João, é por excelência o mês do milho, mas qualquer viajante que rode por nossas estradas pode conferir sua importância pelo número de estabelecimentos oferecendo milho verde, pamonha e outros tantos deliciosos derivados.

Cedo também se instalou em terras brasileiras a banana ou *pacoba*, como aqui a chamavam na primeira metade do século XVI: um sucesso, presente por toda parte. Segundo escritos de época, eram secas ao sol ou ao lume e exportadas para a Europa. Dela ocupa-se o médico, naturalista e botânico Willem Pies, também conhecido por Guilhermo Piso, integrante da comitiva científica do príncipe Maurício de Nassau. Guilhermo Piso viveu em Pernambuco de 1637 a 1644 e escreveu sobre a *pacova*, ou banana-da-terra: não se come crua, mas sempre cozida, assada, tornada bebida ou caldo, e registrava da banana "a polpa mole como manteiga", de bom sabor e que se comia muito, sozinha ou acompanhada por farinha de mandioca, cozida; frita em óleo ou manteiga; cortadas em fatias, fritas com ovos e açúcar, ou mesmo cozidas em bolo como tortas.

Tanajuras e palmeiras bacabas

Não são somente os franceses que se deliciam com escargots e queijos de esquisitos habitantes. Em 1560, José de Anchieta registrava a presença de bichos roliços e compridos que viviam nas taquaras e eram comidos assados ou torrados. Eram formas imaturas da mariposa *Pyralidae*. aziam "com eles um guisado que em nada difere da carne de porco estufada".[4]

O botânico francês Augusto de Saint-Hilaire, que esteve percorrendo o Brasil de norte a sul de 1816 a 1822, encontrou essas larvas em Minas Gerais servidas como acepipes; os portugueses derretiam-nas para fazer uma espécie de manteiga. Um século depois Assis Iglesias encontra larvas das palmeiras bacabas servidas como manjar muito apreciado no interior do Maranhão em 1915. Os viajantes do século XIX e início do século XX mencionam também o consumo de larvas no Pará, no Amazonas e em Mato Grosso pelos indígenas. Segundo Câmara Cascudo,

---

4 - Ibidem, p.359.

essas larvas contêm cálcio, ferro, proteínas muito superiores às que habitam os queijos franceses da gastronomia. Apesar dos aspectos nutritivos, atualmente, são raros os que consomem essas larvas, à exceção dos indígenas.

A fêmea da formiga saúva, a tanajura, ainda é consumida como o era no século XVI: crua, torrada ou passada na água quente, mas já não está à venda nos mercados públicos de São Paulo e de São Luis no Maranhão. Também pode ser adicionada como tempero ao molho tucupi.

A herança da culinária indígena

Os condimentos indígenas

Os indígenas contavam com a pimenta para condimentas sua comida e, segundo Hans Staden, as tinham de duas espécies: amarela e vermelha, enquanto Gabriel Soares de Souza conta umas seis do gênero *Capsicum*. Comiam-se as pimentas verdes ou maduras com pescado, legumes e misturada com farinha. No entanto, os índios não temperavam o alimento durante a cocção ou o assamento, mas depois. A pimenta malagueta não é natural do Brasil, mas nos chegou da Costa da Pimenta Malagueta com os escravos.

Além da pimenta, havia também o nhambi, cuja folha se parece à do coentro: nhambi ou coentro-de-pasto, coentro-do-maranhão etc. Suas folhas eram comidas cruas e serviam como tempero também. Assim, as moquecas baianas de peixe fresco contam com o azeite de dendê, a pimenta-malagueta e o coentro-de-pasto (*o nhambi ou ya-mbi*). O trinômio sal, pimenta e coentro-de-pasto eram os condimentos constantes sem maior variedade.

Nossos índios ignoravam também a fritura, embora conhecessem os óleos dos coqueiros (*Cocos nucifera L*) e os usassem como medicamento ou para embelezamento. Os coqueiros como as bananas não são nativos do Brasil, embora sua profusão faça pensar de outro modo. Foram plantados na orla do Atlântico nos séculos XVI e XVII. O azeite de oliva e o azeite de dendê nos foram trazidos, respectivamente, pelo português e pelo africano escravo.

O TACACÁ E O TUCUPI

O molho de tucupi tem origem no século XVI e permanece até hoje na culinária nortista. Essa famoso molho nada mais é que *manipueira* com pimenta. A manipueira é o suco leitoso, obtido por compressão da mandioca ralada, evaporado a fogo ou a sol para eliminar o veneno.

Assim, o sumo da mandioca, uma vez eliminado o ácido prússico pela ebulição, passa a ser *manipueira* ou o *manipoi* do século XV: o sumo da mandioca misturado com farinha de milho e beiju e frutos da palmeira bacuri e que vêm a dar a sopa manipoi. Desse manipoi vem o tacacá com caldo de peixe ou carne, alho, pimenta, sal, às vezes camarões secos e também com o molho de tucupi, apurado e escurecido pela demorada cocção, famoso acompanhante do pato e de certos peixes. Para que não fiquem dúvidas, tucupi é um molho e tacacá, uma iguaria.

As bebidas indígenas

Nossos índios não tinham o hábito dos sucos e a comida do dia a dia não era acompanhada por bebida. Tomava-se água depois das refeições.

Usavam como refresco o açaí, macerado com farinha d'água. Refrigerantes e sucos são influência dos portugueses que os preparavam com água, limão e o açúcar dos engenhos.

Foram os escravos africanos que trabalhavam nos engenhos de açúcar que popularizam entre os índios a *garapa*, com as borras do caldo de cana, fermentado e inebriante. Os africanos em seu continente natal fabricavam uma bebida fermentada de milho cozido, denominado ualua, quimbombo ou garapa. Hoje a garapa é uma bebida refrescante sem álcool.

Segundo o historiador e cronista português Pero de Magalhães Gandavo, autor da primeira história do

Brasil e o qual aqui viveu de 1565 a 1570, as bebidas indígenas eram feitas pelas mulheres, mais especificamente pelas moças. Já o historiador, botânico e astrônomo alemão Georges Marcgrave – que aqui esteve em 1636 a convite de Maurício de Nassau – as bebidas eram preparadas por velhas, e quanto mais idosas melhor.

As índias ferviam as raízes da mandioca, deixavam-nas esfriar e depois as mastigavam. O mastigado era colocado em uma vasilha à parte, que se enchia de água, misturava-se bem e punha-se a ferver de novo. O resultado era passado para vasilhas enterradas até o meio e tampadas para que a massa fermentasse por dois dias.

A fermentação de bebida por mastigação não é uma originalidade de nossos índios e o costume não lhes veio da Europa ou da África. Os índios do Peru preparam a *chicha*, uma caissuma (espécie de bebida como a cerveja) de milho cozido, mastigado, posto na água e fervido. Os índios hopi do Arizona fazem o mastigamento do milho cozido para o *pikami*; na Polinésia prepara-se *okawa* que se obtém pela mastigação das raízes de uma pimenta. Tampouco é exclusividade das índias brasileiras e responsabilidade da preparação das bebidas. Ao que tudo indica essa é sempre uma tarefa feminina, seja aqui ou no Peru, no Arizona ou na Polinésia.

Paçoca, moqueca e caruru

Paçoca, moqueca e caruru, segundo os estudos do engenheiro, geógrafo e historiador baiano Teodoro Sampaio, vêm originalmente do tupi *paçoc*, *pó-kêca* e *caá-rerú*, e Câmara Cascudo os registra como herança do cardápio indígena.

De *paçoc*, esmigalhar, desfiar, esfarinhar, vem a paçoca, alimento preparado com carne assada e farinha de mandioca piladas conjuntamente e usadas como farnel nas viagens daqueles tempos, inclusive pelos bandeirantes. No Nordeste acompanha a banana, o café na Bahia e em Minas Gerais a farinha é de milho.

Do *pó-kêca* dos tabajaras, embrulhado, envolvido, a moqueca tem raiz nos peixes enrolados em folhas e assados no calo. Dessa técnica derivam diversos tipos de moquecas. A moqueca de folha baiana vem de técnica do século XV. E sua base continua sendo a de peixes, mariscos e ovas.

O caruru, traduzido por Teodoro Sampaio, vem de *caá-rerú* que é a comida de folhas, de ervas. Há quem registre no Amazonas o caruru como apenas bredo comestível (planta da família das Amarantáceas). Sob a influência das cozinheiras africanas, o caruru das malocas passou a delicioso esparregado (guisado, depois de cozer, picar, espremer) de quiabos, camarões, peixe com sal, cebola, alho e azeite de dendê.

A herança da culinária africana

O DENDÊ E A MELANCIA

O advento da indústria da cana-de-açúcar e a necessidade de mão de obra ativa e produtiva levaram à substituição do índio pelo negro escravizado. Os índios e suas tribos embrenharam-se sertão adentro levando consigo as cunhas (do tupi *ku'ñã*, mulher indígena, esposa e companheira do índio, caboclo ou homem branco) que cederam seu lugar à mulher escrava, a mucama.

A gastronomia brasileira ganha novos sabores e influências quando a mulher africana assume a cozinha e introduz em nossa culinária produtos de seu continente natal, trazidos pelas naus mercantes portuguesas que transportavam mercadorias entre a Coroa e as colônias de África e das Américas.

Do continente africano veio o quiabo, e da Guiné vieram o caruru e o inhame e suas diversas variedades, a erva-doce, o gengibre-amarelo, o gergelim, o amendoim africano e as melancias. Também veio o azeite de dendê, extraído dos frutos do dendezeiro, a palmeira. *Elaeis guineensis L.*

Não há registro do dendezeiro como planta nativa do Brasil. O grande número de palmeiras do dendê presentes na Bahia se deve ao fato de que foram cultivadas em torno da cidade de Salvador para atender ao consumo local. E como as mucamas não dispensassem o dendê em suas iguarias, este entrou na cozinha da casa-grande e seguiu com a corte para a cidade do Rio de Janeiro quando esta foi elevada à Capital (1763).

Os africanos provenientes de Angola e de São Tomé e Príncipe também deixaram sua marca na culinária brasileira. Davam à farinha de milho o nome de fubá, que se pronuncia *fubá*, denominação de farinha na língua banta quimbundo. Ao pirão de milho, mingau mais consistente, principal alimento dos escravos nas Minas Gerais de 1817 deu-se o nome de angu, cuja origem etimológica é incerta.

A galinha-d'angola é o único dos animais africanos que se mantêm apreciados pelos brasileiros.

O LEITE DE COCO E O CUSCUZ

Os coqueiros plantados na orla marítima desde o início do século XVII conquistaram a cozinha brasileira na forma do leite de coco (*Cocos nucifera L.*) como alimento e tempero, um dos mais populares condimentos no Brasil, em especial no Nordeste e no Norte (à exceção do Pará-Amazonas, onde o leite de castanha-do-pará predomina). O leite de coco é usado em peixe-de-escabeche, moqueca, arroz-de-coco, amplamente utilizado na cozinha afro-baiana, molhando cuscuz, mungunzá, canjica e canjicão, além de ensopados de ostras, camarões e lagostas. Também é item relevante na doçaria nacional.

O cuscuz é alimento vendido no Brasil inteiro, outrora feito em casa, hoje em dia industrializado. Originalmente o *kuz-kuz*, *alcuzcuz* era prato nacional dos mouros na África que se estende do Egito ao Marrocos. Era feito com arroz, farinha de trigo e sorgo, mas passou a ser de milho americano quando este conquistou o mundo no século XVI.

Os portugueses e os africanos que aqui chegaram já conheciam o cuscuz. No Brasil a massa do cuscuz pode ser de mandioca, macaxeira (aipim), inhame e, quase sempre de milho, pilada, temperada com sal, cozida ao vapor d'água e depois umedecida com leite de coco, um acréscimo gastronômico legitimamente brasileiro.

Em algumas regiões do país, o cuscuz faz parte do café da manhã com a manteiga; ou como refeição tardia dissolvido no leite de vaca: uma sopa fácil e saborosa. No sul o cuscuz paulista e mineiro aparece de tomates, sendo a massa feita de milho e servido como prato principal.

A herança da cozinha portuguesa

O português que aqui veio para ficar instalou-se com quintal, horta e curral.

Para o curral trouxe e fez atravessar o "mar português" vacas, bois, touros, ovelhas, cabras, carneiros, porcos, galinhas, galos, pombos, patos e gansos. O peru já estava nas Américas e poupou-lhe o trabalho de traslado.

Para a horta trouxe figos, romãs, laranja, limas, limão, cidra, melão, abóboras, gengibre, pepino, mostarda, couves, alfaces, salsa, cominho, hortelã, cebolinha, alho, berinjela, agrião, chicória, cenoura, acelga e espinafre, entre outros. Plantou o coqueiro ornamental, semeou o arroz. Para a casa e o quintal trouxe uma companhia extra e nem por isso menos parceira: o cão fiel. Valeu a pena? Só valeu, pois a fome não era pequena...

Com o português vieram também as festas: São João, Natal, Quaresma e *Entrudo*, avó de nosso carnaval, festa popular realizada nos três dias que antecedem a Quaresma e nos quais os brincalhões trocavam arremessos de baldes de água e farinha, entre outras coisas.

Também vieram com o português a cana-de-açúcar, o trigo e as parreiras; o toucinho, a linguiça, o presunto, o vinho, as hortaliças, as saladas, o azeite e o vinagre. E quando não havia o azeite, valia a manteiga de vaca. Trouxeram também a feijoada completa, a versão aculturada do cozido português com o feijão-e-carne-seca iniciais.

Para Câmara Cascudo, devem-se ao português duas grandes contribuições ao paladar brasileiro: a valorização do sal e a revelação do açúcar aos nativos da terra e aos africanos escravizados.

Além disso, a mulher portuguesa valorizou iguarias simples, como o beiju, e molhá-lo ao leite, e soube usar o ovo da galinha como nenhuma cunha ou mucama antes o fizera. Introduziu a fritura. Com açúcar ou mel acrescentou seu toque cultural ao mingau de carimã (farinha de mandioca seca e fina). E dela foram saindo os primeiros bolos brasileiros com leite de vaca e gema de ovo, como atesta o lusitano dos idos de 1569, Gabriel Soares de Sousa que por esses brasis esteve e muito anotou.

Soares de Sousa em sua obra de 1587, *Tratado descritivo do Brasil* registra quão deliciosos eram os doces que a portuguesa fazia do amendoim e do caju. "Fazem-se estes cajus de conserva, que é muito suave, e para se comerem logo cozidos no açúcar cobertos de canela não têm preço".[5] E não só de caju se faziam as conservas, mas também de maracujá e ananases. Já naqueles primórdios da terra de Vera Cruz se assava ou se cozinhava a banana-da-terra na canela e no açúcar.

Desde essa época se fazia a marmelada, massa macia de doce de frutas nativas e enviadas à "terrinha". E havia também a *legítima*, a marmelada de marmelo, plantado no Sul, no Rio e, principalmente, em São Paulo e o qual veio a se tornar o principal artigo de exportação paulista.

---

5 - CASCUDO, Câmara. Op. cit., p. 240.

Enfim, a portuguesa introduziu o que cunhas e mucamas não conheciam: a sobremesa! E fixou no gosto nacional o conceito de além-mar: sobremesa que é boa não é a de frutas, mas a de doce.

A feijoada, o feijão e o arroz

> *O paladar não é tão universal quanto a fome. Há distinções, resistências, peculiaridades, imposições misteriosas para o entendimento.*
> Câmara Cascudo

A feijoada é, de modo geral, o primeiro prato brasileiro e, como diz Câmara Cascudo, é "demasiadamente nutritiva, indigesta, estarrecedora", inútil oferecê-la ao estrangeiro, pois, como tantos outro alimentos ao redor do mundo, a feijoada exige a capacidade conterrânea do consumo e do gosto.

Nossa feijoada vem do cozido da cozinha portuguesa a que se acrescentou o feijão para dar mais "sustança", segundo uns, ou para substituir a fava portuguesa, de acordo com outro. Não se considera, no entanto, feijoada o feijão simples com carne: há de levar carnes, verduras e hortaliças. O mais surpreendente é constatar que deve ser prato recente na gastronomia brasileira, pois até 1900 não há registro dela por parte de viajante nenhum.

Do cozido português também derivam os *virados* paulista, de tropeiro e mineiro: feijão com carne cortada e toucinho, misturando-se a farinha de mandioca ou fubá de milho antes de se servir. O virado está mais para o refogado, enquanto a feijoada, para o cozido.

O feijão, ou *cumandá*, designação genérica do tupi, era alimento dos indígenas sem contar, no entanto, com o prestígio da mandioca. Desde a primeira metade do século XVII feijão e farinha já eram parte importante do cardápio brasileiro; em 1884, o explorador e antropólogo alemão Karl von den Steinen anotava que o feijão-preto com carne-seca era o prato predileto do brasileiro, acompanhado de farinha.

O arroz (*Oryza sativa Linn*) chegou ao Brasil por mãos portuguesas, plantado na Bahia no século XVI e em São Paulo, Iguape e Maranhão na segunda metade do século XVIII. Há registros do século XVII em que o arroz aparece como acompanhamento no engenho de Sergipe do Conde (1622-1653) para a mesa de todos sem discriminação de raça, credo e liberdade: dele se serviam padres, feitores, artífices e escravos.

Em 1766 el-rei D. José autorizou o estabelecimento de uma fábrica de descascar arroz no Rio de Janeiro com isenção de impostos na saída do Rio e na entrada em Lisboa. Entretanto, o arroz não tinha a importância da mandioca e do milho, pois não dava a sensação de saciedade. Além disso, sua cultura não era fácil: plantado nos alagados exigia cuidados especiais; no seco era ameaçado pelas pragas parasitas. O arroz então servido estava mais para um pirão espesso, cozido na água e sal e compacto.

O arroz solto e seco de hoje é fórmula urbana que exige cuidados na fervura a atenção no *ponto*, o momento de interromper o cozimento.

Entretanto, o arroz-doce, com leite de coco ou de vaca com açúcar é, sem sombra de dúvida, sobremesa brasileiríssima com raízes no norte de Portugal, de onde veio o arroz-doce e o arroz-de-leite feito de leite de cabras.

O cafezinho

Nossa bebida mais conhecida, o café, foi inicialmente plantado no Pará por volta de 1732. E há registro de que em 1750 já era a bebida que encerrava a refeição. Jean-Baptiste Debret (1768-1848), pintor francês que esteve no Brasil com a Missão Artística Francesa, de 1816 a 1831, retrata as negras vendedoras ambulantes de café, que o vendiam em latinhas entre as 6 e as 10 horas da manhã no Rio de Janeiro. E em 1851, Antônio José de Sousa em seu *Do regime das classes pobres e dos escravos na cidade do Rio de Janeiro em seus alimentos e bebidas* indicava que "as classes pobres e os escravos fazem uso imoderado da infusão de café". Não somente elas, mas todas as classes faziam e ainda fazem uso imoderado do *cafezinho*...

UMA ÚLTIMA PALAVRA QUE PODE SER A PRIMEIRA

No Brasil, lamentavelmente, a gastronomia é vista como supérflua e coisa de esnobes. Apesar da imensa herança culinária que recebemos de índios, africanos e europeus, a cultura e a arte de bem comer – não importa se arroz e feijão ou vatapá – é desconsiderada, embora seja exercida diariamente nos bons restaurantes e lares onde a comida é feita com cuidado e seleção de ingredientes.

Na verdade, para muitos a gastronomia não é arte e para o governo brasileiro nem sequer é manifestação cultural. Daí nosso intento de provar que gastronomia é a boa comida, aquela que é bem-feita, com ingredientes frescos e da estação. E ao alcance da grande maioria.

Por outro lado, a gastronomia brasileira já se beneficia da "abertura dos portos" realizada no início dos anos 1990. Até aquele tempo, o país vivia uma economia fechada e culturalmente sufocada, em que se proibia a importação de bens, livros e revistas.

Com a permissão de importação de carros para substituir nossas "carroças" também se passaram a importar massas, azeites, molhos, vinhos etc. O paladar brasileiro tornou-se mais exigente e passou a buscar a produção artesanal e local de produtos antes importados, como escargots, queijos, ervas, enriquecem nosso mercado com produtos da alta qualidade.

A terra do pau-brasil é hoje grande exportador de frutas tropicais e produtos orgânicos. E vive uma crescente diversificação na gastronomia. Nas grandes cidades brasileiras, com a influência da TV, mudam-se e incrementam-se hábitos culinários. Assim como também sofre a influência dos fast foods e da comida comercial, em contraponto com a onda de pequenos bistrôs de pratos mais acessíveis ao gosto e ao bolso do brasileiro.

Observa-se também o crescente interesse por aulas de culinária, utensílios e equipamentos de cozinha, além da proliferação de obras e tradução de literatura gastronômica, o que revela a valorização da gastronomia e a curiosidade ou a necessidade de novas experiências culinárias.

O que é gastronomia 89

É fundamental, entretanto, recordar que gastronomia é cultura e não podemos abrir mão de nossa comida: a da fazendo e a caiçara, a caipira, a gaúcha, a baiana, a mineira, a goiana etc., pois é nela que recuperamos nossas raízes e alimentamos nossa identidade. Nossa comida é nossa, herança de índias, africanas e portuguesas que aqui vieram a desbravar sertões e fazer o país. É a comida da alma, como diz Nina Horta, aquela que nos reconforta, e aquece nossos corações: uma boa canja de avó, pães caseiros bem quentinhos com manteiga derretida, um mingau... disso jamais devemos abrir mão.

PEQUENO DICIONÁRIO HISTÓRICO DAS DENOMINAÇÕES CULINÁRIAS

Americana, Lagosta à: O termo "americana" para crustáceos acredita-se que venha da receita de Pierre Fraysse que, após uma temporada nos Estados Unidos, se instalou em Paris, por volta de 1854. O termo "lagosta à americana" já se encontra no cardápio de Constant Guillot do restaurante Bonnefoy (1853-1870) e o chef Jules Gouffé, chef do Jockey Club (1867), mantém essa denominação para o *Dicionário de cozinha* de Alexandre Dumas.

Banho-Maria: Inventado por uma mulher, no século I, Maria la Hebrea, uma química, que deu enorme contribuição à ciência biológica inventando, na Alexandria, o tão útil banho-maria, usado tanto na cozinha quanto em laboratórios químicos e na indústria farmacêutica, de cosméticos e de conservas.

Baba (baba ao rum, baba de moça etc.): O rei da Polônia Stanislaw Leszczynski foi destituído do trono e exilou-se na Alsácia, França. Ali, dedicava-se, entre outras, às coisas da mesa. Em 1720, ao elaborar massas leves, usuais na Polônia e na Áustria, e em busca de novidade, o rei salpicou com açúcar o bolo recém-saído do forno, despejou-lhe em cima rum e, em seguida, aproximou uma chama para flambá-lo à maneira de um pudim de ameixa. Maravilhado com o efeito final, batizou a inovação de Ali-Baba, em homenagem ao romance *As mil e uma noites*. Anos mais tarde, um *pâtissier* de nome Sthorer estabeleceu-se em Paris e aperfeiçoou a invenção do rei polonês, encharcando-o em um sucesso imediato. E de Ali Baba, o bolo passou a Baba, o bolo passou a Baba, mais fácil e sonoro aos ouvidos franceses. Embora em português a pronúncia de Ali Babá se acentue na última sílaba, na cozinha manteve-se a forma francesa, Baba.

Bearnaise, molho: Não se sabe ao certo a origem desse antigo molho, exceto o fato de que seguramente não tem relação com a região de mesmo nome do sudoeste francês. A receita já figura em um manual do século XVI sem referência ao lugar. Admite-se que o termo tenha mais de uma origem: seu inventor teria sido um *bearnaise*; e seria a especialidade de um restaurante de Saint-Germain-em-Laye, cujo nome original seria *Le Béarnais*.

Bechamel, molho: Embora atribua-se geralmente ao marquês de Béchamel a criação desse molho, é mais provável que seu inventor tenha sido o cozinheiro de seu filho. De qualquer forma, pai e filho compartilhavam o mesmo amor pela boa comida. Béchamel, graças à fortuna ganha no período chamado La Fronde, última guerra dos grandes senhores contra o rei da França (1648-1652/3), pôde comprar o cargo de *maître d'hôtel* de Monsieur. Pelos seus bons serviços como maître da mansão do irmão do rei Luís XIV. O rei Sol, Béchamel foi nomeado marquês de Nointel. No entanto, seu arrivismo atraiu numerosos desafetos, a ponto de certo dia o duque de Grammont colocá-lo em último lugar no Palácio Real, sob a justificativa de que o havia confundido com outra pessoa. Béchamel filho casou-se com Valentine de Valmont e juntos consagraram seu tempo aos prazeres da mesa. Valentine veio a falecer no banquete de suas bodas de ouro, e aos noventa anos, o marquês de Béchamel a seguiu para retomarem seu *tête-à-tête* na mesa celestial.

Carolinas: Foram inventadas no início do século XIX pelo mestre *pâtissier* Coquelin, cuja criatividade na cozinha não era menos célebre do que suas conquistas no campo amoroso. Para homenagear uma delas, a bela Otéro, dançarina espanhola, o galante cozinheiro batizou com seu nome, Carolina, as pequenas *éclairs* que ele acabara de criar. À bela Otero, dançarina espanhola da Belle Époque parisiense, foram dedicadas diversas criações gastronômicas pelo chef do Maxim's, um de seus admiradores entre tantos, muitos deles príncipes e monarcas, como Eduardo VII da Inglaterra, Alfonso XIII da Espanha e Leopoldo II da Bélgica. Carolina Otero era filha de um aristocrata grego com uma cigana espanhola. Começou a dançar em Marselha e o sucesso levou-a a Paris, onde se tornou uma celebridade por mais de uma década.

Chantili: A criação, em 1671, desse maravilhoso creme é atribuída a Vatel, embora os confeiteiros de Catarina de Médicis (1519-1589) já fizessem uso dele. Foi em uma recepção em honra ao rei Luís XIV no castelo de Vaux- Praslin que Vatel apresentou pela primeira vez esse delicioso creme batido. Anos mais tarde, a serviço no castelo de Chantilly, Vatel o reapresenta. E é ali, atormentado pela possibilidade de um fiasco culinário, diante do próprio rei Sol, que o grande chef se suicida.

Chateaubriand, tournedos: O termo vem da pequena vila de Chateaubriand, conhecida por sua criação bovina. Foi em honra de seu patrão o escritor Chateaubriand que o cozinheiro Montmireil criou esse belo grelhado em tempos difíceis para seu amo, cujas relações com Napoleão não eram nada boas. Com a elevação do rei Luís XVIII ao poder, as carnes grelhadas dos tempos de vacas magras avantajaram-se e se transformaram em cortes largos e grossos do coração do filé sob o nome de "grelhado de boi a Chateaubriand". Em 1862, o tournedo a Chateaubriand tornou-se a especialidade do restaurante Magny, sempre acompanhado de batatas suflês.

Cordon Bleu: Esse lisonjeiro qualificativo tem sua origem na fita ou cordão azul de onde pendia a cruz da Ordem do Santo Espírio, criada em 1579, pelo rei Luís III e inspirada na Ordem veneziana de mesmo nome. Chamava-se de *cordons rouge* os cavaleiros dessa ordem, pois a Cruz do Santo Espírito pendia de uma fita de cor vermelha. No entanto, havia uma distinção muito particular reservada a um pequeno número entre aqueles que ocupavam posição muito elevada na sociedade, como o rei e os quais portavam em vez do vermelho um cordão azul. A Ordem foi abolida definitivamente em 1830, mas sobreviveu-lhe o termo e o costume de dar, por comparação, o nome de *cordon bleu*, cordão azul, às pessoas de mérito superior. Atualmente, é usado para qualificar cozinheiros excepcionais, da categoria de um Carême ou Vatel.

Crepe Suzette: Não são poucos os que exigem o crédito dessa invenção. No entanto, um certo cozinheiro francês, Henri Charpentier parece ser o provável inventor. Estava em Monte Carlo preparando os crepes para o príncipe de Gales, o futuro rei Eduardo VII, quando se inflama o álcool, mas Charpentier continua a salpicá-los de açúcar que se carameliza. O futuro rei fica encantado com essa espetacular preparação e o cozinheiro propõe lhe dedicar o novo prato. Galantemente o príncipe de Gales prefere dar o nome da dama que o acompanha, Suzette.

Croissant: Em 1683, durante o cerco de Viena pela armada turca, um padeiro enquanto fazia seus pães, ouvia intrigado uns barulhos estranhos subterrâneos. E avisou no mesmo instante as autoridades que descobriram um túnel que os invasores cavavam para invadir a cidade. Em recompensa pela informação, o padeiro recebeu a permissão de fazer pequenos pães de massa folhada aos quais ele deu a forma do *croissant* (crescente) turco.

Espanhol, molho: quando em 1660 o rei Luís XIV esposa a infanta de Espanha, esta leva à corte francesa seus cozinheiros. Entre as preparações de base feitas por eles há um molho *brûlée* (queimado), assim chamado porque a liga é feita com farinha torrada e que leva pimenta.

Folhada, massa: Esta massa, base de tantas preparações, é obra do acaso. O jovem aprendiz de *pâtissier* de família modesta da região de Toul, Claude Gellée, foi incumbido de preparar uma massa à base de manteiga. Provavelmente entretido em devaneios de pinturas e pensamentos outros, todos muito distantes da massa que lhe fora confiada, o menino acaba por se esquecer de incorporar a manteiga. No momento de levar ao forno ele se dá conta do esquecimento e trata de remendar a situação (não vá lá o mestre perceber!), cobrindo de manteiga a massa pronta. Aflito de que esta viesse a escapulir durante a cocção, o jovem Claude lhe faz umas pregas nas bordas para aprisionar a manteiga à massa e, em um derradeiro esforço para garantir um final feliz, amassa e achata a massa muitas vezes, desesperado por bem integrar a manteiga. Ao sair do forno, a surpresa: uma massa inflada e descoberto o princípio da massa folhada. Assim, em 1635, o menino aprendiz faz a fortuna de seu patrão parisiense François Rabatout. Sem contar a ninguém o segredo da fabricação, Claude Gellée troca Paris por Florença a convite de um *pâtissier* local, Mosca Angelo, que consegue arrancar-lhe o segredo da massa folhada, vigiando-o de um esconderijo bem arranjado. Claude perde seu segredo, mas não o favor do acaso. Conhece um pintor alemão que o estimula a ir em busca de seu sonho: a pintura. O jovem abandona a *pâtisserie* e torna-se rapidamente um paisagista de fama: Claude Gellée, o Lorrain, artista célebre do século XVII.

Juliana, legumes à: A origem desse corte de legumes vem de um cozinheiro chamado Jean Julienne. Há escritos que atribuem o nome ao cozinheiro que criou no século XVII uma sopa guarnecida de pequenos bastões de legumes e ervas. Há também uma versão mais fantasiosa que atribui esse corte de legumes a uma certe cozinheira Julienne a serviço de *Mademoiselle* Mars, atriz da comédia francesa que costumava receber para jantar Alexandre Dumas Filho.

Madalenas: Esses deliciosos e pequenos bolos são sabidamente uma especialidade da vila de Commercy, sem que no entanto, se saiba ao certo quem as inventou. Uma versão atribui ao rei polonês Stanislaw Leszczynski a propriedade de um castelo em Commercy. Durante uma recepção, o *pâtissier* não se encontra a postos e uma recepção, o pâtissier não se encontra a postos e uma empregada, Madeleine, o substitui preparando pequenos bolos de uma receita de família. Torna-se um sucesso a receita leva o nome da *pâtisserie* improvisada. Note-se que a embalagem das madalenas apresentava um sino, pois o rei era o padrinho de um sino na igreja de Commercy. A segunda versão atribui a Avice, *pâtissier* de Talleyrand, o ministro das Relações Exteriores de Napoleão que preparava os pequenos bolos em um molde em forma de mexilhão.

Maxim's: Nesse célebre restaurante foi criado o *steak au poivre* ou *steak* Albert, nome do *maître d'hôtel*. Em 14 de julho de 1890, o sorveteiro italiano Imoda, proprietário do estabelecimento, enfeita o restaurante de bandeiras alemãs. Os parisienses demonstraram seu desagrado pela provocação saqueando o lugar. Somente em 1907 o Maxim's recupera seu prestígio. Graças ao chef de cozinha Henri Chauveau e ao *maître d'hôtel* Cornuché. E transforma-se no ponto de encontro de *bons vivants* e boêmios que tinhas por divertimento favorito jogar moedas de ouro pelo salão e rir-se à vista das coquetes se estapeando por ela.

Maionese: Esse delicado e versátil molho apresenta pelo menos cinco possíveis origens etimológicas. 1) no francês antigo, a gema de ovo se denominava *moyeu* e seu uso nesse teria originado o termo francês *mayonnaise*. 2) Sua invenção poderia ser creditada ao cozinheiro Magnon, originário do sul da França. 3) O termo *mayonnaise* poderia vir de sua origem na cidade Bayonne. 4) O cozinheiro do marechal duque de Richelieu teria criado esse molho após a vitória de Port-Mahon (Mahonnaise). 5) Os duques de Mayenne (Mayennaise) poderiam também estar entre os que deram nome ao molho.

Melba, pêssego: O "Pêssego Melba" foi criado pelo genial mestre Auguste Escoffier entre 1893 e 1896, no dia posterior a uma apresentação no Convent Garden de Londres de Lohengrin, famosa ópera de Richard Wagner. Escoffier por essa época dirigia as cozinhas do Hotel Carlton e tinha grande admiração pela cantora lírica Nelly Melba, que fizera o papel da princesa Elsa von Branband. Para homenagear seu talento, o chef decidiu criar uma sobremesa que associasse fineza e elegância. Os pêssegos frescos inteiros são empapados em um leve xarope de baunilha e depois colocados sobre um leito de sorvete de baunilha e finalmente recobertos de sumo de framboesa. O conjunto todo é incrustado em um bloco de gelo esculpido em forma de cisne, evocando a ave mítica da ópera de Wagner. Um véu de açúcar escorrido recobre delicadamente o conjunto. A atriz comoveu-se com a homenagem. Uma apresentação idêntica foi realizada por M. Eberlé no Savoy de Londres sob o nome de "Mandarinas glaceadas Lohengrin".

Merengue: Esse delicioso confeito teria sido inventado por Gasparini, *pâtissier* instalado em Mehringhen, no ducado de Saxe-Cobourg. Gasparini viajou para Wissembourg para dar a receita ao antigo rei polonês Stanislaw Leszczynski, então chamada de Marie-Antoinette au Trianon. O termo atual aparece em 1804, anos após a rainha subir ao cadafalso. O chamado merengue suíço é criação dos laboratórios de *pâtisserie* parisiense Piche et Thomas-Magnan. Após alguns anos de segredo, sua receita ganhou o grande público.

Mostarda: Pela lógica, o termo deriva da palavra francesa *moût*, suco de uva ou de fruto não fermentado e é base da preparação desse condimento. Também poderia vir do latim *mustum ardens*, derivado do suco picante retirado dos grãos da mostarda pelos romanos. No entanto, por conta de sua fama de levantar os espíritos, acredita-se que o termo venha da Borgonha. Conta-se que alguns gourmets dessa região reuniram-se certa vez para apreciar a boa comida. Entusiasmados por um condimento à base de *sénevé*, (a planta que dá os grãos da mostarda), de *moût* e de *verjus* (suco verde de frutos verdes) buscaram um nome que evocasse a Borgonha. É quando um edil gourmet propõe a divisa de Dijon, do Grande Felipe, o Temerário, duque da Borgonha ao entrar na cidade de Dijon em 1382: "Moult me tarde!" (muitos me aguardam). Aprovado, o termo modernizou-se em *moutarde*.

Navarin de cordeiro: Em 1827, no porto grego de Navarin ou Pylos, houve uma importante batalha em que as esquadras das forças aliadas francesas, russas e inglesas destruíram a frota turco-egípcia. Para comemorar essa vitória histórica, o comandante da armada, almirante de Rigny, deu ordem para que se melhorasse a refeição do dia. A bordo da nau principal *Trident*, o cozinheiro teve a ideia de substituir o arroz por legumes outros refinamentos que levaram o *navarin* à categoria dos grandes clássicos da cozinha.

Orloff, vitela à príncipe: Esse é um dos monumentos da cozinha clássica, criado pelo *chef de cuisine* Leonor Cheval do restaurante Tortoni. Em 1798, Tortoni assume o restaurante e promove uma série de alterações em seu cardápio, que o tornam famoso e frequentado por figuras das artes e da política, encantadas pelos bufês e pratos frios criados pelo talentoso chef Urbain Dubois. Eram clientes do restaurante Musse e Victor Hugo, além do príncipe Orloff, ministro e embaixador do csar Nicolau I, a quem foi dedicado esse prato.

Rossini: São numerosos os pratos dedicados a Gioacchino Rossini (1792-1868) célebre compositor de óperas, entre elas "O Barbeiro de Sevilha". Rossini aposentou-se cedo e com a fortuna que amealhou com suas óperas passou suas últimas quarenta anos festejando a vida como bom gourmet, cozinhando e oferecendo banquetes, champanhes e pratos sofisticados. Grande parte dos pratos que leva seu nome é rica e à base de *foie gras*. Ao morrer destinou parte de sua fortuna para um abrigo de músicos aposentados e sem recursos financeiros.

Tarte Tatin: As irmãs Tatin, no início do século XIX, eram proprietárias do hotel-restaurante Lamotte-Beuvron e criaram essa torta na qual as maçãs são cozidas sob a massa. Foi servida em Paris pela primeira vez no Maxim's, onde permanece como uma especialidade. Na verdade, a técnica de cocção sob a massa é antiga e muito comum na região de Orléans.

Tournedos: Não há uma origem certa, mas essa denominação já consta nos cardápios desde 1860. Uma das prováveis origens seria a de que, em razão de sua textura e maciez, essa peça de carne devia ser exposta ao fogo dos dois lados, como diriam os franceses: *on lui tourne le dos* para garantir o cozimento.

BIBLIOGRAFIA

NEIRINCK, Edmond, POULAIN, Jean-Pierre (1988). *Histoire de Cuisine et dês Cuisiniers* – Techniques Culinaires et Pratique de Table, em France, du Moyen-Âge à Noa Jours. Paris: J. Lanore.

KELLY, Ian (2005). *Carême*: cozinheiro dos reis. Rio de Janeiro: Jorge Zahar.

TROTEREAU, Janine (2002). *Les plaisiers du palais au Grand Siècle*. In: revista *Histoire* nº 661, janvier 2002.

FRANCO, Ariovaldo (2001). *De caçador a gourmet*: uma história da gastronomia. 2ª ed.rev. São Paulo: Senac.

VALLON, Caroline Thomas & MONTGRAND, Anne Vallon de (2006). *Lucullus dîne chez Lucullus*.

Cuisine antique Grecque et Romaine. Saint-Remy-de--Provence, collection Carrés Gourmands. Équinoxe.

BRILLAT-SAVARIN, Jean-Anthelme (1989). *A fisiologia do gosto*. Trad. Enrique Raul Renteria Guimarães. Rio de Janeiro: Salamandra.

FLANDRIN, Jean-Louis; MONTANARI, Massimo (Org.). (1998). *História da Alimentação*. trad. Luciano Vieira Machado, Guilherme J.F. Teixeira. São Paulo: Estação Liberdade.

CASCUDO, Luís da Câmara (2004). *História da alimentação no Brasil*. São Paulo: Global.

COOPER, Ann (1997). *A woman's place is in the kitchen*. The evolution of women chef. New York: ITP Thomson.

SLOAN, Donald org. (2005). *Gastronomia, restaurants e comportamentos do consumidor*. Trad. Sonia Bidutte. Barueri: Manole.

FRANCO, Silvia Cintra (2006). *Cultura, inclusão e diversidade*. São Paulo: Moderna.

INDICAÇÕES PARA LEITURA

COURTINE, Robert (Org.). *Larousse Gastronomique*, Paris: Larousse.

STEINGARTEN, Jeffrey (2000). O homem que comeu de tudo. Feitos gastronômicos do critico da Vogue. São Paulo: Companhia das Letras.

BOURDAIN, Anthony. (2001). *Em busca do prato perfeito (um cozinheiro em viagem)*. São Paulo: Companhia das Letras.

ROSENBLUN, Mort (2003). *Um ganso em Toulouse (e outras aventuras culinárias na França)*. Série prazeres e sabores. Rio de Janeiro: Rocco.

WOLKE, Robert L. *O que Einstein disse ao cozinheiro*

(a ciência na cozinha). Rio de Janeiro, Jorge Zahar.

KENNEDY, Mary Frances (MFK Fisher) (1996). *Um alfabeto para gourmets*. São Paulo: Companhia das Letras.

Os cadernos de cozinha de Leonardo da Vinci (Codex Romanoff). Rio de Janeiro: Record, 2002.

HORTA, Nina (1995). *Não é sopa (crônicas e receitas de comida)*. São Paulo: Companhia das Letras.

ALGRANTI, Márcia (2000). *Pequeno dicionário da gula*. Rio de Janeiro: Record.

DUMAS, Alexandre (2005). *Memórias gastronômicas (seguido de pequena historia da gastronomia)*. Rio de Janeiro: Jorge Zahar.

REICHEL, Ruth (2003). *A parte mais tenra*. Rio de Janeiro: Objetiva.

REICHEL, Ruth (2003). *Conforte-me com maçãs*. Rio de Janeiro: Objetiva.

LOPES, J. A. Dias. (2004). *A canja do imperador*. São Paulo: Companhia Editora Nacional.

DORIA, Carlos Alberto (2006). *Estrelas no céu da boca (escritos sobre culinária e gastronomia)*. São Paulo: Senac.

SOBRE AS AUTORAS

RENATA BRAUNE

Carioca criada em São Paulo, ensaiou os primeiros passos na cozinha aos doze anos, já que em sua família o prazer de cozinhar sempre foi uma tradição entre as mulheres. Autodidata, "preparava as minhas próprias receitas sem a ajuda de ninguém", conta.

Decidida a se profissionalizar, e viajou para Paris em 1991, para cursar a *École Le Cordon Bleu*, a mais antiga e tradicional escola de cozinha da França, fundada em 1895. Estagiou na cozinha central do restaurante Fauchon e na própria Le Cordon Bleu. Já formada, foi contratada como cozinheira do Restaurante Île de Ré, em La Varenne. No Brasil, prestou assessoria a diversas casas – entre elas a Casa Europa e o Bar Supremo – além de trabalhar como chef de cozinha do restaurante Santo Colomba.

Especializada em culinária francesa, principalmente a cozinha de bistrô, tem também cursos de *boulangerie* (pães) e *entremets* (sobremesas) pela École Lenôtre, renomada escola de culinária para profissionais (1994).

É chef-consultora dos restaurantes Chef Rouge e Lucca Ristorante; e presta assessoria na elaboração e implantação de cardápios em restaurantes no Brasil e fora do país.

Em 1998 foi finalista do Nestlé Toque d'Or, o mais importante concurso gastronômico do Brasil. Concorrendo com chefs de todo o País, recebeu menção honrosa por ter apresentado o melhor prato de peixe.

SILVIA CINTRA FRANCO

Autora de obras de literatura e ensaios sobre cultura e antropologia, cidadania e dinheiro público, a paulistana Silvia Cintra Franco, que já expôs por duas vezes seu trabalho na prestigiosa Universidade de Harvard, hoje se dedica a escrever sobre assuntos mais apetitosos, como gastronomia e vinhos. É sócia da Associação Brasileira de Sommeliers e colunista de vinhos do site Adegas &

O que é gastronomia

Vinhos (www.adegavinhos.com.br) e do jornal OPEN. Viaja com frequência para visitar vinícolas nos Estados Unidos, Europa, Chile, Argentina, além de nossa Serra Gaúcha. E acredita firmemente que o que faz o bom vinho é o momento e a boa companhia.

Coleção Primeiros Passos
Uma Enciclopédia Crítica

ABORTO
AÇÃO CULTURAL
ADMINISTRAÇÃO
AGRICULTURA SUSTENTÁVEL
ALCOOLISMO
ANARQUISMO
ANGÚSTIA
APARTAÇÃO
APOCALIPSE
ARQUITETURA
ARTE
ASSENTAMENTOS RURAIS
ASTROLOGIA
ASTRONOMIA
BELEZA
BIOÉTICA
BRINQUEDO
BUDISMO
CANDOMBLÉ
CAPITAL
CAPITAL FICTÍCIO
CAPITAL INTERNACIONAL
CAPITALISMO
CÉLULA-TRONCO
CIDADANIA
CIDADE
CINEMA
COMPUTADOR
COMUNICAÇÃO
COMUNICAÇÃO EMPRESARIAL
CONTO
CONTRACULTURA
COOPERATIVISMO
CORPOLATRIA
CRISTIANISMO
CULTURA
CULTURA POPULAR
DARWINISMO
DEFESA DO CONSUMIDOR
DEFICIÊNCIA
DEMOCRACIA
DEPRESSÃO
DESIGN
DIALÉTICA
DIREITO
DIREITOS DA PESSOA
DIREITOS HUMANOS
DIREITOS HUMANOS DA MULHER
DRAMATURGIA
ECOLOGIA
EDUCAÇÃO
EDUCAÇÃO AMBIENTAL
EDUCAÇÃO FÍSICA
EDUCAÇÃO INCLUSIVA
EDUCAÇÃO POPULAR
EDUCACIONISMO
ENFERMAGEM
ENOLOGIA
ESCOLHA PROFISSIONAL

Coleção Primeiros Passos
Uma Enciclopédia Crítica

ESPORTE
ESTATÍSTICA
ÉTICA
ÉTICA EM PESQUISA
ETNOCENTRISMO
EVOLUÇÃO DO DIREITO
EXISTENCIALISMO
FAMÍLIA
FEMINISMO
FILOSOFIA
FILOSOFIA CONTEMPORÂNEA
FILOSOFIA MEDIEVAL
FÍSICA
FMI
FOLCLORE
FOME
FOTOGRAFIA
GASTRONOMIA
GEOGRAFIA
GOLPE DE ESTADO
GRAFFITI
GRAFOLOGIA
HIEROGLIFOS
HIPERMÍDIA
HISTÓRIA
HISTÓRIA DA CIÊNCIA
HOMEOPATIA
IDEOLOGIA
IMAGINÁRIO
IMPERIALISMO
INDÚSTRIA CULTURAL
ISLAMISMO
JAZZ
JORNALISMO
JORNALISMO SINDICAL
JUDAÍSMO
LAZER
LEITURA
LESBIANISMO
LIBERDADE
LINGUÍSTICA
LITERATURA DE CORDEL
LITERATURA INFANTIL
LITERATURA POPULAR
LOUCURA
MAIS-VALIA
MARXISMO
MEDIAÇÃO DE CONFLITOS
MEIO AMBIENTE
MENOR
MÉTODO PAULO FREIRE
MITO
MORAL
MORTE
MÚSICA
MÚSICA SERTANEJA
NATUREZA
NAZISMO
NEGRITUDE
NEUROSE
NORDESTE BRASILEIRO
OLIMPISMO
PANTANAL
PARTICIPAÇÃO

Coleção Primeiros Passos
Uma Enciclopédia Crítica

PARTICIPAÇÃO POLÍTICA
PATRIMÔNIO CULTURAL
  IMATERIAL
PATRIMÔNIO HISTÓRICO
PEDAGOGIA
PESSOAS
DEFICIENTES
PODER
PODER LOCAL
POLÍTICA
POLÍTICA SOCIAL
POLUIÇÃO
QUÍMICA
PÓS-MODERNO
POSITIVISMO
PRAGMATISMO
PSICOLOGIA
PSICOLOGIA SOCIAL
PSICOTERAPIA DE FAMÍLIA
PSIQUIATRIA FORENSE
PUNK
QUESTÃO AGRÁRIA
QUÍMICA
RACISMO
REALIDADE
RECURSOS HUMANOS
RELAÇÕES
  INTERNACIONAIS
REVOLUÇÃO
ROBÓTICA
SAUDADE
SEMIÓTICA
SERVIÇO SOCIAL
SOCIOLOGIA
SUBDESENVOLVIMENTO
TARÔ
TAYLORISMO
TEATRO
TECNOLOGIA
TEOLOGIA
TEOLOGIA FEMINISTA
TEORIA
TOXICOMANIA
TRABALHO
TRABALHO INFANTIL
TRADUÇÃO
TRANSEXUALIDADE
TROTSKISMO
TURISMO
UNIVERSIDADE
URBANISMO
VELHICE
VEREADOR
VIOLÊNCIA
VIOLÊNCIA CONTRA A
  MULHER
VIOLÊNCIA URBANA
XADREZ